ヘーゲル哲学の道　第一巻〔修学・初級編〕

「学問構築の歴史」と「学問一般論」〔講義〕

南郷継正　著

本書は「白鳳選書」として出版された『武道哲学講義』（第一巻）を、本書の内容をまともに表す「書名」に改め、かつ、「上製本」として出版したものです。

それゆえ、内容にはほとんど変更はなく、新しい書名に関わっての字句の変更があるのみだと、承知おきください。それだけに本書では、書名にふさわしい内容がまともに説かれています。

まえがき

『ヘーゲル哲学の道』第一巻〔修学・初級編〕である本書を手にされた読者に、心からの挨拶を贈る。

本書は、私の『全集』に載せている「武道哲学講義」をもとに、少し手を加えて説いているものである。そして本文の中にも認《シタタ》めてあるように、本書は『全集』第三巻『ヘーゲル哲学・論理学』の習作（study）としての実質を持つものである。この『全集』第三巻『ヘーゲル哲学・論理学〔学の体系講義・新世紀編〕――哲学・論理学原論への招待』は私の学的研鑽の終章となるべき内容を把持して発刊されている。

この第三巻は、当初の予定ではおそらくは十年もの前に発刊されるべきものであった。それがようやく今日に至って発刊なのかについては、私の著作のあちらこちらで弁明気味に認めている通り、である。それは『全集』の刊行と並んで「〝夢〟講義」の連載を進めていっているうちに、私の学的な認識の深まりが一向に止まらなくなっていった、からである、と。

この事柄に関しても、読者の方々には承知の内容だと思う。なぜなら私は一作、一作と著作が進むごとに、頭脳の働きがそれに合わせるかのように、どうにもならなくなるかのように向上していくことになった、と何回となく説いてきている。このことはすべて、「弁証法の修学と武道・武術の修練」の成果である。

とはいっても、この向上の成果があるのは、私の個人での手柄ではけっしてない。『武道の理論』にしっかりと、(本書にも引用として説いているように)「私と師と友人と弟子たちとの長年にわたる涙と汗の理論的な結晶であり」である。ここで師とは、私淑してきた恩師三浦つとむであり、友人とは、私の組織の統括者たちである。

この引用で説かれていないのは、涙と汗のほかに〝したたる血〟の連続性があったことくらいであろうか。歴史的に視て武道・武術の修練には、涙と汗のほかに、当然のように存在するものが〝したたる血〟である。

だが、この『武道の理論』には、この文字をどうしても書くことがためらわれたことである。武道・武術においての〝したたる血〟は、時代劇だけのものではないにしても、やはり、理論書に書くことは当時の私の心情としては適《カナ》わなかったのである。

さて、学的修練の向上について簡単に説けば、私は二十代初頭にして(私の勝手な思い込みでしかなかった)哲学の代名詞としての弁証法への道へと出立しはじめたことであったが、その弁証法への修学が、ともかく学的レベルで役に立つようになるまでに進化できたのが三十代後半であり、それの帰結が『武道の理論』の発刊であった。

私は、恩師三浦つとむの『弁証法はどういう科学か』(講談社)に、二十代の初めからまともに学びつづけ、それを武道空手の修練と道場の現実での指導の方法に難行苦行しながら応用していき、それの未熟レベルでしかない成果をまた武道空手への再応用を通して、しだいしだいに実力がついてきて、結果的に自分の学的実力（論理能力）の発展を図っていくことになっていった、ものである。

ここを少し、具体性をもって説いてみよう。

『武道の理論』は、恩師の『弁証法はどういう科学か』レベルの弁証法をふまえて説くことになった、記念すべき書物である。すなわちここには、『弁証法はどういう科学か』に説かれている弁証法に関わってのすべてのことが、この書物の中に説かれている恩師の弁証法の実力レベルで、『武道の理論』の理論的実態となっている、ということである。

そして、この著作執筆のお蔭もあって、二作目である『武道の復権』では、武道・武術の過程的構造の複合形態にしっかりと立ち入れるようになっていったのであり、その結果、『弁証法はどういう科学か』の弁証法の内実を、武道空手の修練との「合わせ技」で少しずつながらも発展させることができていったのだ、と思っている。

やがて三作目たる『武道とは何か——武道綱要』では、学的一般論と学的体系性の論理構造なるものを、ある程度究めることにもなったことである。このことに関しては、もう一人の恩師滝村隆一に心からの感謝の念を捧げたい。

ともかく、論文なるものを書物として構成すべき「ありとあらゆること」に関わっての指導を、厳しく受けていった結果なのであるから……。

四作目『武道への道』、五作目『武道修行の道』で、私の理論的、実践的修学の道が大岩壁にぶちあたったために、大きく閉されていくことになったことは、『武道講義 武道と認識の理論Ⅰ』に認めておいたように、である。

それだけに、ここで学的修練は中断し、以後十年近くも毎日毎日、全力をあげて達人を目指す弟子の幾人かとともに、武道・武術修練の真っ只中に突入することになっていったのである。

そしてこの厳しい修練の成果が、上記の書を初めとする『武道講義 武道と認識の理論』シリーズと『武道講義入門 弁証法・認識論への道』、『武道の科学』、加えて、『武道講義 武道と弁証法の理論』となったことである。

「〝夢〟講義」連載の最新号にも説いておいたが、以上の執筆の流れにも見られるように、私の場合これも偶然的出来事のゆえをもって、武道修練と頭脳修練がなんともうまく交互作用的成果を与えてくれたものである。

具体的には、何年間も執筆活動に停滞が起きてくる頃になると、おもしろいことに何年にもわたって武道修練が上手にはかどることになっていき、また武道修練に何年ものかの大きな壁が立ちはだかるようになると、これまた当然であるかのように、そこにうまい具合にこれまた何年にもわたる頭脳活動の発展がある！　という、なんとも奇跡的な連鎖が何十年もの間、現在にいたるも続いてきているのである。

これらの一端は、達人を目指している弟子の書物にも同じように現われたことであった。弟子の一人の著作は、これまた人類史上初といってよい学的理論書としての「刀法の書」である。題名は『武道居合學〔綱要〕』(飛龍 田熊叢雪著、現代社)であり、他の一冊は、本書刊行の直前に出版された、これもまた史上、女性初の理論的武道空手論書である。題名は『護身武道空手概論』(朝霧華刃、神橘美伽共著、現代社)である。

両著とも、私の書物と同じように、武道・武術の修練に合わせるかのごときの、十何年にもわたる「学としての弁証法」の修学があったことは、しっかりここで説いておきたい。

読者の方々も、本物の学問への道の修学を！　と目指すのであれば、私の過去と同様に、そして私の弟子と同様に、専門の修学のみでなく、併せて(という以上に)弁証法の修得に励んでほしいと願っている。

本書には、そのための努力の方法が、「これでもか！　これでもか！」といわんばかりに説いてあるのは、これは読者の方々への叱咤激励の一端だと思って読み込んでほしい。「またか!?」などとアキれて溜息を絶対につかないでほしいものである。

ここで、どうしても認めておきたいことがある。

それは、中華民国の台北市光復南路にお住まいの大書家であり、また拳法家でもあられる瘳禎祥老師のことである。私はこの老師にお会いしたくも適わないままの現在であるが、長年にわたる御厚情に対し、心からの感謝の念を申し述べておきたい。

再び説くことになるが、本書は、白鳳選書だったものを書名を改め上製本として発刊されるだけに、内容には変更はなく、書名に関わる字句の変更がほとんどになっている。

最後に現代社の小南吉彦社主、田沼岳さんに書名と上製本の変更を快く認めていただいたことに深くお礼を申し上げたい。

二〇二二年 九月

南郷継正

目次

まえがき ………… 3

第一部　学問構築の歴史（入門編） ………… 17

第一章　現代にいたるまでの学問の歴史を俯瞰《フカン》する ………… 19

（1）哲学、論理学は、学的レベルではまだ端緒についただけである　19
（2）弁証法及び認識論も、唯物論レベルではいまだ完成途上である　26
（3）弁証法はなぜ完成できていないのか　28
（4）学問形成を示唆するエンゲルスの文言とは　32
（5）弁証法を学として完成させるには、どのような理解が必要か　34
（6）古代ギリシャの弁証の方法とは　35
（7）中世における弁証法の学び方の失敗　42
（8）古代ギリシャ以来の弁証法の内実を学ぶとはどういうことか　43
（9）弁証法の発展過程から見てとれる弁証法の構造とは　46
（10）ヘーゲルは学問形成へ向けていかなる歩みをすべきであったか　48
（11）ヘーゲルの哲学に欠けているものとは何か　50
（12）ヘーゲルの流れを汲むエンゲルスの弁証法に欠けているものとは何か　51

第二章　ヘーゲル哲学を本物の学として完成させるために ………… 52

（1）『全集』第三巻の目次を素稿(study)で提示する　52
（2）本書を「講義」レベルとして説くゆえん　55
（3）『武道の理論』以来の武道・武術の理論の深化　56

（4）武道空手の限界を打ち破るための弁証法との出会い 61
（5）三浦つとむの書を役に立つ弁証法として読みとるとは 68
（6）ヨゼフ・ディーツゲンから学んだものとは何か 71
（7）哲学の歴史を一身の上に繰り返すとはいかなることか 78
（8）哲学の歴史を繰り返すことの意味を、私自身の歴史で説く 81
（9）恩師滝村隆一を通して学んだこととは 84
（10）すべての出来事を二重性として捉えられることの根本的理由 88
（11）世界歴史の本当の実態とは——世界歴史の概念を説く 91
（12）弁証法の学びを目的意識的に二重性で捉えることで深化させる 96
（13）社会の発展をふまえて哲学の生成発展の流れを考える 101

第三章 本書『ヘーゲル哲学の道』の理解を深めるために ………… 105

（1）学構築に向けて、弁証法をどのようなレベルで捉えるべきか 105
（A）哲学一般はヘーゲルとともに終結するということの学的意味 106
（B）弁証法は哲学の生まれ変わりと信じて出立した私 109
（2）弁証法の中身について、学問レベルでは人類史上誰も説けていない 115
（3）『全集』第二巻の「読者からの感想」 117
（A）「読者からの感想」Ⅰ 118
（B）「読者からの感想」Ⅱ 123
（C）「読者からの感想」Ⅲ 130

第二部　学問構築一般論 …… 139

第一章　学の出立時におさえておくべきこと …… 141
（1）世界は一体的全体から生成発展してきている重層的な過程の複合体である 141
（2）学一般としての哲学が必須であるゆえんとは 143
（3）学問レベルで論理の世界を説くことの困難さ 146
（4）学問が体系化されるために必須の弁証法とはいかなる弁証法なのか 151
（5）弁証法を捨てるとその人の学問はどのようになってしまうのか 154
（6）学問形成のためには、弁証法を二重構造性で学ぶことが必須である 155

第二章　「学一般」へのプロローグ …… 160
（1）学問体系構築に必須の弁証法 160
（2）学問としての「哲学」の概念を説く 162
（3）すべては、一体的全体から生成発展しているという理解なしに体系化は不可能である 165

第三章　「学一般」の全体像 …… 167
（1）「学一般」の一般論 167
（A）弁証法の成立過程から視えてくる弁証法の歴史性、構造性 167
（B）弁証法の学び方を説く 179
（a）プラトンの説く哲学的問答法の実態とはいかなるものか 179
（b）日常生活を弁証法的に生きるとはどういうことか 183

（2）「学一般」の構造論 189
（A）自然の弁証法性から社会及び精神の弁証法性へ 189
（a）自然の二重構造とは 192
（b）自然と社会との相互規定的相互浸透 193
（c）社会と精神との相互規定的相互浸透 194

（第二巻目次予定）

世界歴史をふまえた国家学序説

第一章　自然の弁証法（性）から社会の弁証法（性）へ

（1）「自然・社会・精神の一般的な運動に関する学問」としての弁証法

（A）歴史的地球の自然には二重構造がある

（B）「世界歴史」を理解する鍵は「地球の歴史」にあり

（C）「自然・社会・精神」の歴史性、構造性

（D）弁証法の真の中身とは何か

（2）弁証法でいう社会の発展の論理構造とは何か

（A）自然の弁証法（性）から社会の弁証法（性）へ

（B）「生命の歴史」から視た生成発展の論理構造

（C）人類の歴史は文化創造の移動によって発展した

（D）いわゆる発展史観なるものを説いたヘーゲルの『歴史哲学』とは

（E）「人類の歴史」と「生命の歴史」の区別と連関

（F）自然と社会の生成発展は一般性レベルでは同じ論理構造を持つ

第二章　学問としての「世界歴史」とは何か

（1）「世界歴史」を理解できるには必須の前提がある

（A）「世界歴史」概念の学問的系譜

（a）恩師滝村隆一の説く世界歴史とは

（b）大哲人ヘーゲルの説く世界歴史とは

（2）弁証法的唯物論から説く「世界歴史」
（A）ヘーゲルの「世界歴史」を学び損ねたマルクスの発展史観とは
（B）マルクスの「世界歴史」に主に学んだ恩師滝村隆一の発展史観とは
（C）弁証法的唯物論から説く本来の「世界歴史」とは
（D）「世界歴史」の過程的構造を説く
第三章「国家の原基形態とは何か」を大学新入生レベルで易しく説く
（1）国家学構築に必須なことは
（A）唯物論的弁証法で筋を通した「生命《イノチ》の歴史」
（B）「国家学」には自然から社会への究明が必須である
（C）「国家学」構築のためには国家存立の構造を視てとらなければならない
（D）歴史的な大学者が説く「国家とは何か」
（2）生命の歴史から説く「国家学」
（A）哺乳類は群団でなければ生存できない
（B）「サルからヒトへ」で必須となっていく規範の形成
（C）本能に基づく統括力と教育＝躾に基づく統括力
（D）国家の確立に「政治」は必然性である
（3）学問体系としての「国家学」とは
（A）国家の現実形態から「政治とは何か」を説く
（B）国家とは社会（共同体）の自立的実存形態である
（C）国家は誕生の原基形態（原始共同体）から説かないから虚構となる

第一部　学問構築の歴史（入門編）

第一章　現代にいたるまでの学問の歴史を俯瞰《フカン》する

（1）哲学、論理学は、学的レベルではまだ端緒についただけである

『ヘーゲル哲学の道』は、生涯の念願である『ヘーゲル哲学・論理学〔学の体系講義・新世紀編〕――哲学・論理学原論への招待』（以下『ヘーゲル哲学・論理学』と略。『全集』第三巻として発刊済）の素稿（study）の意義を持つものとして、執筆されたものである。

おそらく現代に生きる人で、分かっている人は誰もいないはずのことであるが、人類史上すなわち学問史上、哲学なる学問も、論理学なる学問も、誰一人として完成できた人はいないことを冒頭に説いておきたい。

たしかにこの二大学問は、歴史上その学的端緒につくこと（つけたこと）は無数といってよいほどにあったはずである。ゆえに、その「哲学」ないし「論理学」という名を冠した書物は世上（歴史上）幾つも存在しているといってよい。だが、それらの書物のほとんどはその学の端緒についたばかりであり、その学問の体系はおろか入口すら満足に究められてはいないのである。

それればかりか、マルクスとエンゲルスの手によって、哲学の終焉《シュウエン》なるものが『ドイツ・イデオロギー』で説かれたとされ、かつ『フォイエルバッハ論』によって哲学なる学問は歴史的使命を果たして消えさることになったのだ、と説かれたことによって、多くの人々が「哲学」という学問を放りだしてしまって、ただいたずらに哲学との題名を付すことによって、思索レベルの〈随筆＝エッセイ〉でもって満足してきた幾世紀もの年月が流れただけなのである。

それだけに現代の自称哲学者なる人々は、かつてのスコラ哲学の雄とされるトマス・アクィナスや、近代における大哲学者であるカントやヘーゲルのように古代ギリシャの学問を学ぶこともなく、ただただ「哲学とは思索することであり、哲学者とは思索を生業《ナリワイ》とする人々である」との信念すら、把持してしまっているのである。それゆえ哲学という学の端緒につくことすらせずに、ただひたすらに馬鹿げた己れ自身の思惟の世界、思索という名の散策の花園に遊んでいる人々が、ほとんどであり、学問としての哲学の、その内実の半ば以上に達した人物は、現代においてはまだ存在すらしていないといってよい。

理由は単純である。これは人類の学的発展の歴史の物語といってもよい現実が存在するからである。すなわち、数千年もの年月を単位として、「哲学なる学問は何世紀かに一人といった大人物の出現をもって一歩、また一歩と時間（歴史）をかけて発展していく」との構造を把持している存在だから、である。ここは簡単には、過去の著作、特に『全集』第二巻である『新・弁証法・認識論への道』「第一部」・「第二部」を参照してもらえれば、きちんと理解できていくはずである。

だが、である。次のヘーゲルの文言をまじめに読み、かつ、思慮してほしいものである。というのは、現代の哲学者にとってヘーゲルが説かんとしていた学的レベルでの「形而上学」との概念や「思弁」との概念ましてや「体系」としての概念も「哲学」あるいは、「論理学」という学的概念すらも、この大哲学者ヘーゲルによってようやく端緒についたばかりであるという怖い事実を、まともに読みとってほしいからである。

〔I〕

この時期以前に形而上学と呼ばれていたものは、いわば根こそぎに抜き取られて、学問の列からその姿を消してしまった。……

要するに、人々の関心が全ての形而上学に対して、或いはその内容の点で、或いはまたその形式の点で、或いはまたその両面において共に失われてしまったことは事実である。だが、国民にとって例えばその国法に関する学問が無用となり、その心情、その人倫的慣習や徳行が要らないことになるとすれば大変であるが、同様に国民がその形而上学を失い、自分の真の本質を求める精神がもはや国民の中に本当に存在しないことになれば、それもまた一大事である。

（ヘーゲル著、武市健人訳『大論理学』上巻の一、岩波書店。本文に合わせ適宜改行し、旧漢字は新漢字に改めた。以下引用は同じ）

〔II〕

カント哲学の公教的教説《エソテーリッシュ》——即ち悟性は経験を踏み越えてはならない、そうでなければ認識能力は妄想の外に何ものをも産まない理論理性となり終わるという教説は、学問的な面から思弁的思惟の断念を正当づけたものであった。

近世教育学は喚声を挙げてこのカントの平易な教説を歓迎し、直接的必要ということだけを眼中におく時代の要求も、これを歓び迎えた。即ち認識にとって経験が第一義的なものであるように、公私の生活上の技能にとっても理論的見識は却って有害で、一体に練習と実際的教養の方が大事であり、それこそ有益だというのである。

——このように学問と常識とが手をたずさえて形而上学の没落に努力したために、いろいろ華麗な飾りは揃っているが、一番大事な本尊はない寺院のように、形而上学をもたない教養ある国民が闊歩するという奇妙な光景が出現した。（同上）

「形而上学が学的問題から消え去ろうとしている」とのヘーゲルの〔I〕の慨嘆は、次の〔II〕の「カント哲学は、形而上学の没落に努力した」との皮肉的文言で極まってくるのである。読者の方々はこのヘーゲルの嘆きの文言をどうとるのであろうか。「形而上学なんてものは、どうでもよいから消え去っただけである」とか、「カントはそこまで阿呆でも馬鹿でもないというより大学者なのだ!?」と、世の識者同様の見解を持つのであろうか。

だが、である。以上の文言の内実を大哲学者ヘーゲルは、後に『哲学史』で、次のようにしっかりと理由を付して説くのである。

〈III〉

アリストテレスは実在する宇宙の全領域と全側面に深く突きすすみ、そしてそれらの豊かさと多様さとを概念的に把捉した。だからこそ哲学的諸学の大部分は、それらの区分と端緒とを彼に負うのである。

学問はこのように特定の概念の一連の知性規定となってばらばらに分散するのであるが、それでもアリストテレス哲学は同時にもっとも深い思弁的諸概念を含んでいる。彼ほど包括的で思弁的な人はいない。

だが、彼の哲学の概括的な姿は、体系化されてゆく全体、それの秩序も連関も等しく概念に属しているような全体としては見えず、むしろ諸部分は経験的にとり上げられ、同列に置き並べられているように見える。

だからこそおのおのの部分はそれぞれ別にそれだけで一定の概念として認識されていて、

統一的なつながりをもった運動ではない。

このようにアリストテレスの体系は〔根本概念が〕その諸部分にまで展開されたものとは見えず、かえって諸部分はばらばらに並列しているように見えるのであるが、それでもなおそれらの諸部分は本質的に思弁的な哲学の統一ある全体を成しているのである。

（ヘーゲル著、宮本十蔵・太田直道訳『哲学史』中巻の二、岩波書店）

たしかにこのヘーゲルの概嘆の文言は、読者の方々には難解そのものであろうと思う。なにゆえ難解かをいえば、（これは何回も説いたように）次の理由がきちんと存在するからである。すなわち、マルクス・エンゲルス両者をも含めてヘーゲル時代以降の誰しもがヘーゲル哲学の根本概念たる絶対精神から始まる絶対理念及び絶対概念の根本的かつ過程的構造を理解する努力を成してこなかったからである。

しかも、である。あろうことか、エンゲルスの説いたとされる「絶対精神なるものは、熱病やみの妄言」といった言葉が、現在にいたるまで格言レベルで信じられてしまっているからである。とはいうもののこの場では以上の引用文を解説するにはふさわしくないので、この続きは『全集』第三巻で詳細に説くことになるので、ここまでとして次に移りたい。

さて、哲学、論理学が学的端緒につけたばかりであると述べてきたが、この最大の理由は、この両者の学を完成させるための途上の学的構造が完成できていないからである。その最大の原因は、形而上学、思弁、体系の構造かつ、過程的構造を誰もが分かろうとしなかったがためである（とは誰もがヘーゲルの文言を理解できていない）のが正しい解答となろう。哲学、論理学に関わっては以上のごとき様相であることを説きながら、特に哲学、論理学に関して、これらの学は完成どころか、ほとんど端緒についたばかりであると説いてきた。だが、それでもここで、もう少し論理レベルでの理由を説いておくべきであろう。この両学未完成の最大の理由は、この両者を「学」として完成させる最も必須の学的構造が幾つか完成できていないから、につきる。

その必須の学的構造とは学的言語の概念化である。ヘーゲルはそのことについて、幾度となく弟子たちに説きたかったはずである。少し実例をあげておくならば、一つには「学問は体系化されなければならない」、二つには「概念の労苦」をもっと払うべきだ（『精神現象学 序論』）、である。そして、『大論理学』においては、アリストテレスに関わって、「形而上学」「思弁」「体系化」を学的レベルの概念にすべきことを、しっかりと述べているのである。

だが、ヘーゲル以外の哲学者と称している御仁の誰もが、このヘーゲルの指摘についてすこぶる無関心であったし、エンゲルスにいたっては「過去のものはある程度必要だが、現在では弁証法の学びの方がより大事であるのだ」との妄言レベルで一刀両断しているくらいであるのだから。

以上、ヘーゲルの提言こそが学の完成への過程であるのに、誰もがこのことに無知蒙昧であるかの様相の現在である。端的には、哲学もさることながら、それ以上に論理学に関わっては、何等の進歩もない現在なのである。

（2）弁証法及び認識論も、唯物論レベルではいまだ完成途上である

さて、これが「弁証法」や「認識論」であるならば、完成に近い書物の幾冊かを提示できよう。例えば「弁証法」であれば、まずフリードリッヒ・エンゲルスの手になる『反デューリング論』（正式名称としてはオイゲン・デューリング氏の学問の変革、*Herrn Eugen Dührings Umwälzung der Wissenschaft*）であるし、これに同じくエンゲルスの手になる『フォイエルバッハ論』（*Ludwig Feuerbach und der Ausgang der klassischen deutschen Philosophie*）と『自然の弁証法』（*Dialektik der Natur*）を加えておいてよい。

この三冊を見事に総括し、かつ、そこを統括して説いた書物がわが恩師三浦つとむの手になる『弁証法はどういう科学か』（前出）である。だが、以上のこれらはいまだ完成学とはいえないまでも、三冊合わせれば「入門書としてはまさに完璧である」といってよい。

「認識論」であれば、まずはヘーゲル著『精神現象学』（*Phänomenologie des Geistes*）が存在する。そしてまた、哲学の学としての完成へ向けての示唆に富むものとしては、『精神現象学』の「序論」なる素晴らしい小論があり、これは「序論」レベルなのではなく、中身の実態は大論といってもよいものである。

ここの内実を唯物論レベルで読み解くことができれば、これはまことにもって見事なまでの唯

物論的認識論であり（マルクス・エンゲルスは『ドイツ・イデオロギー』（*Die deutsche Ideologie*）等でこの書物をコテンコテンに腐《クサ》してはいるものの）、他にここに続くものは三浦つとむ著『認識と言語の理論Ⅰ』（勁草書房）くらいといってもよいであろう。

だが恩師三浦つとむのここに関しての定義、は以下のようなものである。ここをしっかりと読めば、いまだに恩師三浦つとむすらが認識論に関しては完成途上であるのは明白であろう。

認識論とはどういう科学であるべきかを考えてみよう。これは人間の認識のありかたを具体的に解明する個別科学として展開されてしかるべきものである。ところで、弁証法という科学も、やはり認識の一つのありかたであるから、これも認識論のなかで問題にされなければならない。弁証法が認識の一形態である以上、認識論の一部は弁証法にさかなければならない。だがそれと同時に、認識そのものは弁証法的な性質を持っているから、認識論は全面的にこの弁証法的な性質を問題にしなければならない。

（「弁証法とは何か」『レーニンから疑え』所収、芳賀書店）

ここで挨拶の冒頭に説いた「論理学」なる学問もいまだに完成していない……についての、「論理学」に関わる三浦つとむの見解は以下である。

論理学とはどういう科学であろうか。いうまでもなく事物の論理構造を解明するひとつの個別科学である。論理学においては事物が論理的範疇としてとらえられ、展開されていくのであるから、具体的な認識の発展をとらえていく認識論とは内容的にも別のものである。ただ、具体的な認識のありかたの一部に範疇とよばれる認識が存在し、認識論の一部に範疇論が入ってくると同時に、認識そのものの展開が論理的な性質を持っていて論理学の対象となるという意味で、二つの側面から論理学の問題が認識論のなかに入りこんでくる。

（前出）

（3）弁証法はなぜ完成できていないのか

といったところで認識論から少し戻って、では、弁証法がなにゆえに完成できていないのかの解答は、端的にはエンゲルス自身の時代性に関わっての頭脳活動のゆえでもある。

彼は、マルクスの無二の親友であっただけに、実に素晴らしい実力の持ち主であったことは間違いのない事実である。だが、その大秀才のエンゲルスにも、どうにも超えられない頭脳活動の壁が存在していたのである。

それは、「社会科学的分野に関わっての時代性による学的能力の不足である」と、私ごときが偉そうに書くべきではないのだが、これは事実そのものであるだけに仕方がない……。

どういうことかについて、少しだけ説明しておきたい。

ここで、読者には弁証法なるものの学問的規定を思い出してほしい。それは「自然・社会・精神の云々」であったことは分かっているはずである。

簡単には、エンゲルスの時代には、外界に存在している自然なるものの現象形態はほぼ全的に見てとることが可能となってきていたがゆえに、自然の弁証法（性）はなんとか一般性レベルでは確立可能となってきていたことであった。だが、肝心の国家ないし社会については、この時代は資本主義社会ないし国家としてはまだまだ未発達であったがために、大秀才たるエンゲルスの手によっても、この時代に花開いている「自然」についての「弁証法」はどうにか措定できても、もっとも大事な「国家」ないし「社会」についての「弁証法」はその端緒につけるかどうかはほとんど無理……の時代だったということである。これが、哲学を含めての学問すべてに関わっての時代性ということであり、特に弁証法に関してはそうなのである。どうにも「知ることも、分かることもできない社会」についての弁証法など学的にはありえない、ということなのである。すなわち、二十世紀にいたり、ようやく満開となった本物の資本主義社会ないし国家については、いかなエンゲルスといえども、分かりようがなかったということである。

話はとぶが、これはエンゲルスだけの問題ではない。かの大哲学者へーゲルですらそうなのであるのだから。この事柄に関してのなぜかは、私の過去の著作、特に『全集』第二巻「新・弁証法・認識論への道」の第二部を参照してほしい。

さて、エンゲルスの社会科学的・精神科学的な学的能力不足は、彼個人のゆえではなく、『全集』第二巻に説いたように、彼の育った時代性のゆえに！　であり、ヘーゲルとてその自らが育ってきた時代性を乗り超えることは、当然ながら不可能だったことである。これが（これとて！）後世（＝後の時代）畏るべし！　である。

といったところで、以下の引用文を読者が読んでみれば、エンゲルスはまさしく、社会科学の学域には足を踏みいれることができていないことが分かるはずである。

経験的自然科学はきわめて多量の実証的な認識素材を集積したために、どうしても、この素材をあらゆる個々の研究領域で、体系的にかつその内面的連関にしたがって整理することが、まったく拒みがたいほどになっている。同様に、個々の認識領域を相互に正しい連関にもたらすことも、拒みがたくなっている。しかしながら、これとともに自然科学は理論的領域に入り込んでゆく。そうなると、ここでは経験主義の方法は役に立たない。ここでは理論的思惟だけが役立ちうる。しかしながら、理論的思惟が一つの生まれつき備わった性質であるというのは、ただ素質としてそうだというにすぎない。この素質は発展させられ育成されなければならない。そしてこの育成のためには、今までのところ、これまでの哲学の研究以外にはいかなる手段もないのである。

あらゆる時代の理論的思惟は、したがって吾々の時代のそれも、一つの歴史的産物であって、時代が異なるとともにきわめて異なる形式をとり、したがってまたきわめて異なった内容をとるものなのである。思惟の科学は、それゆえに、あらゆる他の科学と同様に、一つの歴史的科学であり、人間の思惟の歴史的発展の科学である。そしてこのことは、思惟を経験的領域に実際に適用するにあたっても重要なことである。

というわけは、第一に、思惟法則の理論は、俗物の悟性が論理という言葉で考えるような、すっかり動かないように決められてしまっている「永久的真理」ではけっしてないからである。形式論理学そのものが、アリストテレス以来今日まで、依然として激しい論争の領域である。そして弁証法にいたっては、今日までに、やっとアリストテレスとヘーゲルという二人の思想家によって幾分詳しく研究されたにとどまっている。しかるに、まさに弁証法こそは今日の自然科学にとってもっとも重要な思惟形式なのである。なぜなら、それだけが自然において行われている進化過程、全般的な連関、一方の研究領域から他方の研究領域への移行などに対応する形式を提供するものであり、したがってまたそれらに対する説明方法を提供するものであるから。しかし第二に、人間の思惟の歴史的発展をよく知り、外的世界の一般的諸連関について種々の異なった時代にあらわれた諸見解をよく知ることは、それが自然科学そのものの樹立すべき諸理論に一つの規準を与えるという理由から考えても、理論的自然科学にとって必要なことである。

哲学史についての知識の欠乏は、だがここでもしばしば、しかもかなりきわだって現われている。哲学上では数世紀前から提出されていて、しばしばずっと前に哲学的に片がついてしまっているような諸命題が、理論化にたずさわる自然科学者の場合には実にしばしばできたての知識として現われ、そしてある時期のあいだ流行にさえなるのである。

（『反デューリング論』『マルクス＝エンゲルス選集』第十四巻所収、マルクス＝レーニン主義研究所編、大月書店、ここは本文に合わせて仮名を漢字に変え、また適宜改行した。以下引用は同じ）

引用した冒頭の文字に注目してほしい。「経験的自然科学は云々」とあるが、これには二つの重要なことを読みとることが大事である。一つは、このエンゲルスの時代までのいわゆる自然科学なるものは、単なる経験主義オンリーであったということである。つまりそれは論理性がほとんどない！　ということである。

エンゲルスが「社会科学」に弁証法としての足を踏みいれていないのは、以上で読者の方々にも読みとれていったはずである。なぜなら、上記の文章にあるのは、端的には「自然科学に関わる提言と、そのために役立つ歴史的思惟を科学化せよ」という内容だからである。

（4）学問形成を示唆するエンゲルスの文言とは

だが、以上のエンゲルスの文章に存在する実質には、対象を究明して学問化するための示唆がきちんと説いてあることも、読者の方々には読みとれたはずである。

少し説くならば、エンゲルスの時代までの自然科学というものの実態は、少しの論理性もない、ただただ経験を集めまくっているだけで（それを資料という名の倉庫に入れてしまっていて）あるから、それらを誰かが論理レベル（理論レベル）で整理しなければならないということであり、その整理のための実力をつけるべきであるが、そのためには、「人間の思惟の歴史的発展の科学」の学びが必要であるとしている。そしてその思惟の科学こそが弁証法だと、エンゲルスはしっかり説くのである。そして、その弁証法なるものすらも、歴史上たった二人の人物、すなわちアリストテレスとヘーゲルだけが詳しく研究したのみである！　と。

それだけに、弁証法こそが最重要研究課題であり、これこそが今日の経験主義的自然科学にとっては、重要な思惟形成であるとする。そして彼、エンゲルスは、その経験主義的自然科学の思惟形成としての弁証法は、エンゲルスの学的私見としては以下のようなものになるだろうとして、次の二つの文言を提出していく。

①「弁証法とは、自然、人間社会、思惟の一般的な運動＝発展法則にかんする科学」（『反デューリング論』）つまり「弁証法は、運動の――外部の世界の運動でもあり、人間の思惟の運動でもあるところの一つの運動の――一般的法則に関する学」（『フォイエルバッハ論』）

---

⑪「弁証法の諸法則はその要点において次の三つの法則に帰着する。
量から質への、またその逆の転化の法則。

対立物の相互浸透の法則。

否定の否定の法則。

この三法則はすべて、ヘーゲルによって、彼の観念論的な仕方で、単なる思惟法則として、展開された。すなわち、最初の法則は、『論理学』の第一部、存在論において展開され、第二の法則は、彼の『論理学』のうちでもっとも重要な第二部、本質論の全体を占めており、最後に、第三の法則は、全体系の構成に対する根本法則としての役割を演じている。」

（エンゲルス著『自然の弁証法』）

（5）弁証法を学として完成させるには、どのような理解が必要か

このフリードリッヒ・エンゲルスの「弁証法」、それに加えて恩師三浦つとむの弁証法の三冊を基本書として挙げてよいが、これらの書物をもってしても、なお弁証法を学として完成させえなかったもの、つまり欠けているものがなんであるのかを、次に問題にすべきであろう。

それはエンゲルス自身が説いている（提言している）文言を読めば分かることである。

すなわち、『フォイエルバッハ論』では「弁証法とは自然・人間社会・思惟の一般的な運動＝

発展法則に関する科学」（『反デューリング論』）つまり、「弁証法は、運動の――外部の世界の運動であり、人間の思惟の運動でもあるところの一つの運動の――一般的法則に関する学問」としながらも、『自然の弁証法』ではその弁証法に関わって「弁証法の諸法則は……」としているからである。それだけにこの二つのことのつながりが、通常の読者にはどうにも見えてはこないからである。そして、このつながりに関しては、御両人とも特段の説明はない、といってよいくらいだからである。これが、御両人の弁証法が未完成だと私が大きく説くゆえんでもある。

ただ、エンゲルスはしっかりとその学完成への提言（示唆）は成していると説いておいた。ということで、ここでエンゲルスの二つの弁証法の定義なるものをふまえて、この区別と連関すなわち、つながり方の過程的構造を分かりやすく読者に説くべきであろう。

古代ギリシャで誕生した弁証の術＝方法（ディアレクティケー）は、どのようにして、「自然・社会・精神の一般的な運動に関する科学」すなわち弁証法（弁証学）なるものへとなっていったのか、を説くことが一般論的なレベルでの解答となるであろう。ここを少し説いてみよう。

（6）古代ギリシャの弁証の方法とは

たしかに当初は、弁証法というのは、「弁論すなわち議論・討論・論争を通じて相手の論の欠陥を暴きだし、自分の論の正しさの証をたてること、すなわち、弁じて証明することだった」といってよい。でも、この理解では本当の弁証法の原形＝姿態は分からずじまいとなってしまう。この原形の端緒をなした人物はソクラテスであることは確実であるが、ここをいわゆる弁証法の原形である「弁証の術＝方法（ディアレクティケー）」を名実ともに成しえた人物はプラトンなのである。とはいうものの、このプラトンの説くディアレクティケー修得法の実態はほとんど知られてはいないのである。

それだけに、ここで少しくらいは、プラトンのディアレクティケー修得法なるものについて説いておくべきであろう。プラトンの説くディアレクティケー修得法は、端的には「日常生活を合宿形態とし、そこでの生活のほとんどを議論・討論すなわち論争そのものの学的なものとして数年間を過ごすことで、ようやくにして学びが本物になっていくというものであった」のである。

これがいわゆるディアレクティケー修得法の内実であり実態だったのだ、と弁証法を学びとりたい読者の方々は分かるべきなのである。このプラトンの弁証の方法＝弁証の術のことを称してヘーゲル曰く、「滅ぼし合った対立物の統一である」とするのである。

たしかに、古代ギリシャの哲学者とされるプラトンあたりまでは、この弁証法すなわち「弁証の方法＝弁証の術」はそう称してよいかもしれない。だが、ソクラテスからプラトンまでのこれらディアレクティケーなるものは、大哲学者たるアリストテレスの実力によって大きく発展、進化させられて、第一期弁証法（古代弁証法）へと完成させられたのである。

以上に関わって分かってほしいことは、「弁証の方法＝弁証の術」とのこの文言は、当時の弁証法といわれる実態の、いわゆる現象形態そのものであって、現代における弁証法なるものの実態や実体ではない、ということである。もっと説けば、たしかに、結果としては弁論あり討論あり、そして闘論あり論争ありとなってはいったが、この弁証法として成立していく歴史的過程の構造をまともに読者は視てとる必要があるのである。それは端的には、現代の我々が考える（思惟する）弁証はおろか、討論や論争という高度なレベルのものなど、ほとんどなかったのだ、何もないところから出立して、現在説かれているいわゆる弁証法とされるものの、激しい闘論からおだやかな討論などへと、長い年月をかけてようやく到達していったのだ、ということを！ である。

結論から説くならば、この弁証法の定義？ として識者が説く文言は、弁証法の古代ギリシャ時代における「結果としての弁証法なるものの出現してくる現象形態」ではあっても、「弁証法というものの始元としての現象形態」などでは全くなかった、ということだからである。

では古代ギリシャにおいてのこの現象形態である「弁論すなわち議論・討論・闘論・論争を通じて相手の論の欠陥を暴きだし、自分の論の正しさの証をたてること、すなわち、弁じて証明すること」の実態・実体は理論的には一体なんであったのかが問われるべきであろう。

それは、一言で説けば、学問（というより論理体系レベルのもの）の創出できる論理的な実力形成への頭脳の形成かつ頭脳活動の進歩していく方法であった、ということである。

だからプラトン曰く、「弁証法は学問のための冠石である、君もそう思わないかね」という深い深い心からの溜《タメ》息とともにの、この言葉、すなわち感覚レベルの提言であったのであり、ヘーゲルが『哲学史』で次のように詳細に、かつ、学的に説いている「滅ぼし合った対立物の統一」であったのである。

さて特殊なものの混乱から出てきた普遍的なもの、すなわち真、美、善――つまりそれだけで独立の類であるもの――は差当りはまだ無規定で抽象的であった以上、第三に、この普遍的なものを内容的に更に規定してゆくことがプラトンのめざす主要な側面である。この規定のはたらきは思想における弁証法的運動が普遍的なものにたいしてもつところの関係である。なぜならこの運動によってイデアは有限なものの対立物を内に含むような思想へ達するからである。

この場合、自己自身を規定するものとして、イデアはこれら区別されたものの一体性であり、そのようにしてそれは規定されたイデアである。それゆえ、普遍的なものは諸矛盾を自己の内で解消するところの、また解消し終えたところのものとして、したがって内面的に具体的なものとして規定されている。

したがって矛盾のこの揚棄は肯定的なものなのである。このような一段と高い規定における弁証法が本来のプラトン弁証法なのである。それは思弁的であるから、否定的な成果をもって終ることはなく、かえってそれは**相互に滅ぼし合った対立物の統一**を示す。ここに知性にとって難しいことが始まる。しかし方法の形式がプラトンにおいてはまだ純粋にそれだけとして仕上げられていないので、まさにそのために彼の弁証法自身まだしばしばたんに推論的であり、個々の見地から出発し、そしてしばしば何の成果もなく終っている。他面プラトン自身このたんに推論的なだけの弁証法に反対している。しかしながらその区別を然るべくはっきりさせることはプラトンにとって容易でないことがうかがわれる。プラトンに始まるこの思弁的弁証法は、したがって彼の著作のなかでもっとも興味ぶかいものであるが、しかしまたもっともむずかしいものでもあり、それゆえ、ひとはプラトンの著述を研究しながらそれを知らないというのが普通である。

そんなわけで、たとえばテンネマンはプラトン哲学のなかのあたかもこのもっとも重要なものを全然、理解せず、ただそのうちのいくらかを干からびた存在論的規定としてまとめているにすぎない。しかもそのいくらかというのも、彼に都合のよさそうなものばかりなのである。しかし哲学史家たるものが哲学上の大物を扱う場合に、何か自分に都合のよいものがないかどうかを探すだけなどというのは、頓馬の極みというべきである。――

（ヘーゲル著、真下信一訳『哲学史』中巻の一、岩波書店。旧漢字・旧仮名遣いは、新漢字・現代仮名遣いに改めた。傍点は原著、太字は引用者、以下同）

もっと説いておくならば、そもそも弁証法というものは、昔々は世界中のどこにも存在しなかったのである。すなわち、昔々には弁証法なるものは、そのカケラの一片とてなかったからである。いってみれば、弁証法なるものは「無から有」として誕生させられたのである。これは他の学問とて同様である。例えば哲学なるものも、昔はカケラの一片とてなかった。そのカケラの一片が僅かに誕生できたのが、古代ギリシャの大政治家であり大学者であったパルメニデスとゼノンという二大偉人の手によって、であった。

読者の方々は、有名な、あまりにも有名な「ゼノンの詭弁《キベン》」という言葉くらいは知っているはずである。弁証法なるものの誕生の大本は、そのゼノンと彼の師であるパルメニデスの凄まじい、やがて哲学となっていく彼等の学問力のお蔭なのである。

私は、「ゼノンの詭弁」なる文言には、気分が悪くなるくらいの嫌悪感がある。これは学問的レベル、弁証法的レベル、論理学的レベル、認識論的レベルのどれからも、詭弁などといわゆる詭弁を弄《ロウ》すべきではない。学的には正しくは「ゼノンの絶対矛盾」と正当に訂正すべきである。

ここで、この「ゼノンの詭弁」なる言葉は、ゼノンの提示した問題を理論的すなわち弁証法的に説く実力がなかった学者（と称する御仁）がくやしまぎれに言い放った迷言だと、読者の方々は思ってよい。理由は簡単である。ヘーゲル曰く「カントの二律背反は彼の独創ではない。これはゼノンがとっくに成しとげていたことの復元である」との内容の文言を『哲学史』で、はっきり述べているように！　だからである。

以上説いてきたように、まだまだこの頃は哲学なるものも、弁証法なるものも、原姿形としても、単なるカケラの一片にしかすぎないことを読者の方々は分かっておくべきである。この二大偉人たるパルメニデスとゼノンの哲学的なカケラの一片が本物の学になるのには、すなわち哲学というものの形式や姿態を把持できるためには、もっともっと多くの月日を、すなわち、アリストテレスという一大巨人がプラトンから自立できて、自らの学を措定《ソティ》するまでの歳月を必要としたのである。

それはどうしてかというと、哲学として形成されるべき事物・事象であっても、それがカケラであってはどうにもならないものだからである。自動車の部品なるものを幾つ作ったにしても、その自動車の設計図なしにはどうにもなるわけがないからである。すなわち、カケラというものはいくら集めてもカケラでしかなく、集めたカケラがなんとか形らしくなるには、必要なものが欠けていたし、まして、そのおぼろげな形がしっかりとした姿といえるほどのものになるには、月日だけでなく、「あるもの」・「あること」の誕生がどうしても必要だったからである。

では、その「あるもの」・「あること」とは一体なんだったであろうか。それが、いわゆる本物の「弁証法」の誕生だったのである。すなわちアリストテレスの学的誕生は、即、古代弁証法の完成とともに、なのである。ここを弁証法の用語を用いて説けば、アリストテレスの学問は彼の古代弁証法の完成と直接にである。つまり、アリストテレスの学的誕生とアリストテレスの弁証法完成とは直接的同一性に成されたことである、と説いてよい。

だが、このアリストテレスの学問そして弁証法は見事な完成を見たものの、ヨーロッパにおいては長い年月、日の目を見ることはなかったのである。

それがなぜかを簡単には、古代ギリシャの学問は古代ローマには受けつがれることはなかったからである。少しオーバーに説けば、古代中国の秦における焚書坑儒《フンショコウジュ》のごときことが古代ローマ帝国の手によってなされた可能性があったといってよい。

（7）中世における弁証法の学び方の失敗

この古代ギリシャ学、特にアリストテレスの学がなぜかアラビアの世界においてしっかりと生きつづけ、かつ大きく支えられて熟成していったのである。

それから長い長い年月が流れ、ヨーロッパにおいてその実態も忘れさられてしまった中世期に、偶然にもそして幸運にもスコラ哲学の学派の手によって、大きく日の目を見ることになっていくのである。ヘーゲルがはっきりと『哲学史』に説いているように、その偉業を成しえた人物こそ、かのスコラ哲学の最後の巨頭であるといってよいトマス・アクィナスその人であった。

しかしながらこの古代ギリシャ時代の弁証法なるものは、その後の中世において悲しいことに神学校なるものの人々の手によって定式化、公式化されて、いわば学問形成への問答集としてのみ大成されていくことになったのである。

でもこれは見事な失敗であった。なぜ古代ギリシャにおいて大成功への提言とプラトンにいわせた弁証法の過程的構造への学びが、中世においては大失敗したのであろうか。なぜ、かの有名なデカルトにすら、「あんなものは役立たず」といわせたのであろうか。そして結果的に「デカルトは、では大学者となれたのでしょうか」については「残念ながら」と私の著作にしっかりと説いてある。簡単に説くなら、中世までの大失敗は、これは学問レベルとしてではなく、宗教学の一体系としての問答集に堕してしまったからである。解答が始めから分かっている問答集（いうなれば、現代の大学入試みたいなもの！）だったからである。だから大秀才だったデカルトが「あんな馬鹿みたいなもの！」と頭から軽蔑して捨て去ったのは、彼にしてみれば当然のことだったのである。

でも彼は大きく間違っていたのである。理由は、彼が教会の学校で弁証法と思って学んだものは、古代ギリシャ時代のアリストテレスまでの弁証法の実態を持つものではなく、それの枯れた形式すなわち現象形態にしかすぎないものだったからである。

（8）古代ギリシャ以来の弁証法の内実を学ぶとはどういうことか

再度結論から説けば、「弁証法という云々」とは、古代ギリシャ当時の弁証法の結果としての形態なのであり、現在のものとは大きく違うのだ、ということである。現象形態をいくら学んでも、実態構造・過程を学ばなければなんの役にも立たないのは、数ある武道の中でもとくに武道空手を考えれば、簡単に分かることである。

武道空手の現象形態をいくら練習しても、武道空手そのものは絶対に身につかないことくらいは、私の著作で、弁証法も武道空手と同じであると、くどいほどに何回も説いてきていることである。だから討論が大切なのではなく、討論できるだけの実力、一般教養としての実力、現在で説けば大学入試センター試験で七割くらいは説ける実力が大事なのである。すなわち、たとえれば武道空手の黒帯の実力を把持する技を創出した上で対手と闘うのが、いわゆる弁証法としての討論であり、論争なのだと分かってほしいとの文言だったのである。

以上、少しばかり古代ギリシャで誕生した、学問を創出する実力養成のための弁証法（弁証の方法）は中世以降、神学校出のデカルトなどによって単なる記憶力のテストレベルの問題へと大きく堕落させられていったのだと説いたが、しかしやがて、それがその実際の弁証の方法を把持している実力の実態を学んで自分の学問力にしたのが、大哲学者カントであった。

デカルトとは大きく違って、カントが学問的弁証の方法を身につけることが可能となったのは、彼、カントが後世のヘーゲルと同じように、古代ギリシャの世界に大きく学んで「ゼノンの絶対矛盾」の実力を己がものとなしえたからである。彼はそのことに実際、長い長い年月をかけていったのであるから。彼の一大著作である『純粋理性批判』（*Kritik der reinen Vernunft*）で説いている、いわゆる「二律背反」の理論的措定がそうである。たしかにこの「二律背反」なるものは、ヘーゲルによって「ゼノンのモノマネ」みたいとの大いなるケチをつけられてはいるが、でもそのヘーゲル自身はというと、このカントの「二律背反」の構造にしっかりと学んでいったからこその、絶対精神の過程的構造をモノしえたのだと私には分かる。

世の中の学者先生方は、ここに関わってはあまり説こうとはしていないが……。

ヘーゲルはそうして、本物の弁証法を理論的に駆使できる実力をつけていったのであった。

このヘーゲルの学問的実力の中身、すなわち実態を、弁証法を駆使しての学問的実力！　であると、見事に見抜いたエンゲルスの実力は、これはたいしたものである。彼はヘーゲルの絶対精神の自己運動なるものの過程を一般化して、次の文言に仕上げたのである。曰く、

「弁証法は、運動の――外部の世界の運動でもあり人間の思惟の運動でもあるところの一つの運動の――一般的法則に関する学」（出隆、藤川覚訳『フォイエルバッハ論』大月書店）であると捉えて、それを以下のように定義したのである。

「弁証法とは、自然、人間社会、および思惟の一般的な運動＝発展法則にかんする科学」（『反デューリング論』前出）

(9) 弁証法の発展過程から見てとれる弁証法の構造とは

ここで読者の方々がはっきり分からなければならないことは、エンゲルスといえども、精神のではなく、「思惟の運動」とはっきり説いているのだ！　という大事である。彼、エンゲルスはこの頃までは、弁証法は「自然・社会・精神の一般的な運動に関する科学」と捉えてはいないからである。なぜならば、ここで精神とは思惟の実力の最高形態（観念的実体）であり、思惟とは対象を見事に論理的に考えられ、かつその考えを思弁し続けられる実力のことだからである。

ところが、以上の弁証法の定義を「弁証法とは、世界の一般的な運動法則である」との定義を持ちだすまではよいのだが、もしその人々が、弁証法すら構造（過程的構造）が存在するのだという簡単な現実を忘れてしまい、または、「世界を構成しているのは自然・社会・精神」なのだ、をコロッと忘却してしまうことなどがあっては、あまりにも無鉄砲かつ乱暴な実力だといわざるをえない。

ここでどうしても、読者の方々に理解してほしいことがある。それは次のことである。

①「弁証法は、弁論すなわち議論・討論・論争を通じて相手の論の欠陥を暴きだし、自分の論の正しさの証をたてること、すなわち、弁じて証明すること」においても、

②「弁証法は自然・社会・精神の一般的な運動に関する科学」においても、
③「弁証法は世界の一般的な運動法則」においても、

この①②③の内実（論理）は同じことすなわち、同じ対象全体の弁証法性、つまり、弁証法の対象たる全世界（森羅万象）に関わっての弁証法性を個別、特殊、普遍ないし一般的に問題にしながら、それぞれを、あるいは特殊を、または全体を論じているのだ、ということである。それらのことを通して、ある哲人は①のみに着目し、別の哲人は②にこだわり、また他の哲人は③を力強く主張してきたのだ、といってよい。

ここを少し説くなら、①の文言の「議論」は、これは当然に自然・社会を大問題として議論していく過程を経て、論理能力を築きあげ、かつ蓄えして弁証法の基礎となる問答論を創出（プラトン）していったのであり、

②はエンゲルスがヘーゲルの著作に導かれて、「弁証法は運動の、――外部の世界の運動でもあり人間の思惟の運動でもあるところの一つの運動の――一般的法則に関する学」（『フォイエルバッハ論』）と「弁証法とは、自然、人間社会、および思惟の一般的な運動＝発展法則にかんする科学」（『反デューリング論』）としたのであり、

ここをまとめて、わが恩師三浦つとむが定式化した③を、弁証法の歴史的な過程性、つまり発展的構造論として我々が学び、かつそれらを本物の自然に求めて具体化し、そこから本物の社会

へ求めて具体化、さらに精神の世界（学問レベルの世界）に求めて具現化していく中で、我々の実力と化してきたからこそ、我々の「生命の歴史」を措定できたのだ、ということでもある。

（10）ヘーゲルは学問形成へ向けていかなる歩みをすべきであったか

さて、ここでもしかしたら、それにしても『精神現象学 序論』とは何か、を問われるかもしれないので一言しておきたい。この小論だけでなく『精神現象学』の本当の題名は、「精神現象論」であって、けっして「学」すなわちWissenschaftとはなっていない。ともに、序論も同じく、「精神現象論 序論」である。

再度原題を付記しておくと、*Phänomenologie des Geistes*である。ついでに述べておくが、この『精神現象学』を、原題通りに「精神現象論」として日本語に訳しているのは、私の知るかぎり、『大論理学』（*Wissenschaft der Logik*）の訳者である武市健人一人であると思う。

それだけに、他の精神現象学という文字を使っている学者先生たちは、そのドイツ語の実力が、いかなるレベルかを問われても仕方があるまい……。

さて、それにしてもこのヘーゲルの『序論』なる小論は、読めば読むほどに「学問形成への道標」となる素晴らしい論文であると私は思う。その理由は、学問形成の道標そのものが、内容の実態となっている小論だからである。なおここで、再度の「ついで」を述べておくべきであろう。

それは、以下のことである。ヘーゲル自身は、哲学完成へ向けて、満を持して『精神現象学 序論』の後に、『大論理学』へと出立したのであろうが、（おそらく当時のヘーゲルも、うすうす気がついてはいたのであろう。『大論理学』の第二版［改訂版］への序文をしっかり読みこめば、彼、ヘーゲルの苦渋が滲みでているのが分かるはずである）ヘーゲルは絶対に、いきなりこの『大論理学』の執筆へと向かうべきではなかった、と私は思うのである。

では、ヘーゲルは何を成すべきであったか。これは、当のヘーゲルがそこの失敗に鑑みて次に成したであろう著作『エンチュクロペディー』（*Enzyklopädie der philosophischen Wissenschaften im Grundrisse*）をまず、『精神現象学 序論』の次に、執筆すべきだったことである。なぜならばこれこそが、この『エンチュクロペディー』こそが、学問としての哲学の学的構造論となってよいものだからである。すなわち、哲学としての学問なるものは、最低『エンチュクロペディー』レベルの構造論を、つまり学的構造論の柱をまず確立してから執筆すべきだったからである。この『エンチュクロペディー』的構造論の展開があってこそ、いわゆる『大論理学』の実態的構築が本来ならば可能だったからである。それだけに、私はこの『大論理学』は失敗作だと今でも思っている。

もしヘーゲルが『エンチュクロペディー』の後に『大論理学』を執筆したとするならば、もっと見事な、論理の一般論レベルではなくて、論理の構造を内に含んだ論理学構造的一般論が、構築可能だったであろうと私には思えて仕方がないからである。だが残念なことに、ヘーゲルは逆の道を辿ってしまったという悲しさがある。それゆえ、『大論理学』に縛られて、『エンチュクロペディー』の中の『小論理学』も、見事とは成りえなかったといってよい。

(11) ヘーゲルの哲学に欠けているものとは何か

それはともかくとして、『エンチュクロペディー』を見れば分かる通り、『エンチュクロペディー』の構造として、自然哲学（自然科学）と精神哲学（精神科学）は存在するものの、一番学問にとって肝心な社会哲学、すなわち社会科学が存在しえていない。たしかに、『歴史哲学』（*Vorlesungen über die Philosophie der Geschichte*）なる著作はモノされているけれども、これは社会科学のつまり社会哲学の、デッサン、つまり素稿にしかすぎないものである。

理由は簡単である。国家として実存している（ようやく実存できている）その社会の構造を抜きにした、単に歴史を辿るだけの、社会哲学（社会科学）なるものが、ありえてよいわけはないし、それが学問としての内実に耐えるものになるわけでもない。その通りに、ヘーゲルの『歴史哲学』には、それ相当の欠陥が実存しているというべきである。もっと述べれば、なにゆえに社会哲学の不足が、ヘーゲルの哲学という大学問に欠陥を与えるのか、解答は簡単である。これは端的には論理学の構造論の問題であるが、自然哲学（自然科学）と、精神哲学（精神科学）の構造論のみでは、ヘーゲル哲学の構造論の論理的実体の不足が生じるのは当然だからである。

なぜならば、哲学とは精神哲学、社会哲学、自然哲学の論理構造を基盤にして学一般として完成されるべきものであり、加えて、そもそも論理学は学一般の論理的体系としての学そのものだからである。ということは、ヘーゲルが実践した自然哲学と精神哲学の論理構造のみでは、学一般に重要なもう一つの柱である社会哲学の論理構造が欠けているだけに、学一般すなわち論理学の構造としては、三大柱を二大柱で支えるのみであるという欠陥が、そこに存在するからである。

これが、これこそが、大哲学者ヘーゲルの把持していた時代性的欠陥ということである。まさしくこれまた後世（後の時代）畏るべし！　なのである。

⑿　ヘーゲルの流れを汲むエンゲルスの弁証法に欠けているものとは何か

ここまでくれば、またしっかりと分かってもらえたことがあるはずである。すなわち、エンゲルスの弁証法なるものは、経験的自然科学を基盤にした弁証法が原点となっているだけに、そこに大きく社会科学の弁証法、かつ精神科学の弁証法が欠けていくことになっているからである。

ゆえに、いかにエンゲルスが「弁証法とは自然・人間社会・思惟の一般的な法則に関する科学である」と述べたところで、それはあくまでも、彼、エンゲルスにとっては、これから果たすべき一大目標であったということが、ここで読者の方々にも分かってもらえるであろうか。

第二章　ヘーゲル哲学を本物の学として完成させるために

それにしても、『全集』第三巻を長年お待たせしている関係上、ここに意図している『全集』第三巻の目次を、大まかながらでも提示しておくべきであろう。

『全集』第三巻たる『ヘーゲル哲学・論理学』は、ヘーゲル学を本物の学として完成させるための入門書、すなわちstudy＝習作として説いたものである。（注：出版済）

（1）『全集』第三巻の目次を素稿（study）で提示する

『全集』第三巻『ヘーゲル哲学・論理学』

『全集』読者への挨拶（Ⅺ）

弁証学・認識学・論理学の学的区分けを、その構造をふまえ学問的に定義する。

第一編　哲学とは何か

『精神現象学』の「序論」の全頁の解説に加え、『大理論学』の「序文」(第一版・第二版)を併せて説くことによって、「哲学とは何か」を明らかにする。
それらに加えるに、『哲学以前』(出隆)、『哲学通論』(田邉元)、『学生に与う』(河合栄治郎)を用いながら、唯物論的哲学の学的体系を理論的に表象できるようにする。
それらを通して解説的哲学入門書、解説的論理学入門書、すなわち学的レベルの「認識学への道」を通しての「哲学とは何か」の入門を提示するものとする。

第二編　哲学小史

ヘーゲル『哲学史』(ドイツ語原文・日本語訳付　ダイジェスト版)に従い、ヘーゲルの説くことのなかった『哲学史』の本当の論理的意味・意義を解く。

第三編　哲学・弁証学・論理学・認識学小事典

すべての哲学、弁証学、論理学、認識学の語彙に関わっての概念規定を、体系性を持ってしっかりと説いていき、世の哲学者と称する人々の誤謬を訂正していく。
当然ながら、ここでヘーゲルの用語の解説も、概念規定レベルで行うことになる。

第四編　哲学書なるものの批判的採点をしてみよう

プラトン『国家』(岩波書店)

アリストテレス『形而上学』（岩波書店）
デカルト『哲学の原理』（角川書店）
カント『純粋理性批判』（岩波書店）
ヘーゲル『哲学史』『哲学入門』（岩波書店）
田邉元『哲学通論』（岩波書店）『哲学入門』（筑摩書房）
西田幾多郎『哲学概論』（岩波書店）
出隆『哲学以前』（講談社）
田中美知太郎『哲学初歩』（岩波書店）
梅原猛『哲学の復興』（講談社）
中村雄二郎『哲学の現在』（岩波書店）
山崎正一『新・哲学入門』（講談社）
廣松渉『新哲学入門』（岩波書店）
城塚・星野・片山『現代哲学への招待』（有斐閣）
中島義道『哲学の教科書』（講談社）

あとがき

（2）本書を「講義」レベルとして説くゆえん

読者の方々が読まれれば分かるように、本『ヘーゲル哲学の道』の内容は、書物としての体系的完成を目指して説いたものではない！　ことを、まず読者にお断りしておく。とはいっても、内容が適当に説かれたものであるとかではなく、理由は以下のようなことである。

もし書物として書き下ろすとなると、まず、中心となる（テーマとなる）対象をはっきりきめて、そこに関わっての構造を論じるためには、一般論から具体性をそれなりに体系的に説いていくことになる。しかし、この「講義」は私が学者や学者候補者、理論家を目指す研究者に対して行った、名実ともに学問レベルの哲学入門書レベルとしての「講義」、すなわち、相手の顔つきや全体の雰囲気を直接に感じとりながらの自分の専門を学問化したい弟子への「哲学への入門講義」の書なので、体系性というにはいささか以上に思はゆいものがあるからである。

そういった流れで、「講義形式」というものは、〝初心の読者のためにはよいものだ〟との思いがふくらんできているのである。これが、体系的な書物とは別に「講義」を書物の一部にして、私の学問の全体系を分かってもらえる一助となったらと思うことになっていき、結果として、『ヘーゲル哲学の道』の形式ができあがって、私の過去の『全集』のそれぞれに、順次説く形式をとった次第である。

以上のような次第で、『ヘーゲル哲学の道』は、『全集』の一部分を担う形式として発刊されたものであるのだが、『全集』（の読者の方は承知のように）は二千五百部という限定版として発刊されつづけているだけに、第一巻刊行から十年もの年月を経た現在、それらを単行本として出版したいとの思いが芽生え、現代社にお願いして装幀も見事な〝ハードカバー〟単行本になっての出版である。加えて『全集』の一部分としての論文より、『ヘーゲル哲学の道』としての一冊の方が、読者の方にとってもはっきりとした読みごたえ、かつ、分かりごたえがあるのでは……と、期待しての出版でもある。と述べるだけに、この「書物」でも、可能なかぎりでの、私自身の「弁証法の学び」に関わる、いわゆる想い出話をも付加しておくことにした。他の著作の部分と重なる点が多々あるとは思うものの、この『ヘーゲル哲学の道』をさらに読まれる読者の方々には、私自身の想い出話なるものも、相当の参考になると考えているので、あえての付加である。

（3）『武道の理論』以来の武道・武術の理論の深化

さて何回となく説くことであるが、「武道」とか「武術」というものは時代錯誤とも思えるのだが……との読者の意見がいまだにあると思う。

それだけにここで、再度にわたっての弁明を少しすべきであろう。

ここ、二十一世紀を迎えてからの日本の社会は、異常なまでの犯罪社会となってきている。それも大人の社会の中での犯罪ならばまだしも、幼い子、幼稚園児、小学生、中学生への攻撃を含んでの、数多くの大きな犯罪が毎日のように続いている。何か、世の中が大きく変わってきているのではないか、それも不幸な社会への大きな変化ではないのか……と怖い思いで、この犯罪の多発という社会の変化を眺めている人々が大多数なのではないか、とも思う。

振り返ってみれば、『武道の理論』（『全集』の第四巻に収めてある）を三一書房から出版した一九七〇年代の始まりもそうであった。これは第二次安保闘争によって社会が大きなウネリとともに巨大な変革の時代へと移っていった時代だったことである。

それはともかくとして、当時の『武道の理論』の出版は、一面では「そんなことは絶対にあるはずもない」とほとんどすべての人々に思われていた武道・武術の理論化ということが図られ、それも当時学問上の大公式とばかりに、あるいは尊敬され、あるいは敬遠されていた「唯物論的弁証法」すなわち「科学的弁証法」を用いての学問化・理論化だったことに、私はいまだに深い思い入れがある。この書物はまた、他の面からは遠い世界であった武道・武術が誰にでも学べるものとしての「キャッチフレーズ」の〝弱者のための武道〟ということで、それまでは、いわば当時の代表的空手の一つであった〝極真会的な〟優れた体力の持ち主たちの武闘流派や、日本空手協会的な運動神経の見事な人々だけの流派であった武道を、そしてその武道の世界を、本当は武道が必要な人々、つまり体力のない人々や、弱い人々でもできる武道へと新しい世界を切り拓いてみせていくことになったのが、本著だったことも事実である。

それはそれとして私には、これまで常に時代の先端を歩くことによって、というよりも、正確には、「時代のある流れそのものを創造してきたのだ」、という自負がある。これは科学としての、そして唯物論的なものとしての真の弁証法を学んだ者として、かつ、哲学史上初、かつ弁証法的認識論としての弁証法の成立の過程から過程への「謎」を理論的に解くことができた者として本当に誇りに思っている。すなわち、古代ギリシャ時代の哲学（学問）を研究しつづけた人々によって誕生させられたと信じられてきている、また加えて学問上の常識的には信じられている弁証法とはどういうものだったのか、どういう姿形だったのかについて、かつその過程性・構造性については、誰一人として哲学者は説いていないことをも、付記しておくべきであろうと思う。

ここに関しては恩師三浦つとむにしても、残念なことに「弁証法はどのように発展してきたか」として古代ギリシャからエンゲルスにいたる歴史的流れを言葉少なに述べているだけだからである（『弁証法はどういう科学か』前出）。

さて私は、恩師三浦つとむの科学的とされる弁証法を二十年近くもの間学ぶことによって、科学的と称している弁証法を修得し、そこを二重性を把持しての歴史性を持って探究していくことによって、古代ギリシャ時代の弁証法と称されるものの謎をほとんど説いてみせることができたのが私だから！　と何回か説いてきている。

その中で、数多くの読者の方々から、質問されつづけていることの一つが以下である。

それは、まずは『武道の理論』に説いている「まえがき」であり、ついでその内容に大きく関わった過去の修学に大きく寄与してくれたディーツゲンの言葉についてである。まずその「まえがき」の引用から始めよう。この「まえがき」は私の過去の著作に幾話も登場するものであるが、私にとっては、現在ですらもそれだけの精神的内実を持つものといってよいからである。

……

本書は、現在までに市販されている、極意書の解説にしかすぎない書物とか、科学的を売りものにしながらその実、技の連続の解説にしかすぎない見せもの屋的書物などでは絶対にない。それらの本の類いのそれなりにの有効性を否定するつもりはさらさらないが、だが、それらは少々研究が深くなった諸君とか、一流になりたい諸君には少しも役に立たないはずである。なぜ役に立たないのかを一言でいえば、それらの書物にはどうしたら本当の強さが身につくのかが、ほとんど説かれていないからである。

本書は、いわゆる歴史上に存在してきた名著などのモノマネなどでは、けっしてない。私と師と友人と、弟子たちとの長年にわたる涙と汗の理論的な結晶であり、そこから生まれた独自のものであり、かつ、独創的なものである。有効性については、試してみれば必ず分かるはずのものである。人類史上、私以前にこのような論を説いたものはなく、理論的には私の独創であり、原理的には科学的である。真剣に学びたいとして読む諸君には必ず役に立つことを再度約束しておきたい。

理論的人間を自負している諸君には、次の挨拶をおくる。

私がここで展開しようとしていることは、たしかにそう大げさなことではない。

だが現在、弁証法について左翼、右翼を問わず、その有効性が真剣に問い返されているときに、およそ歴史上、学問とされ、哲学の一翼を担ってきた弁証法とは全然といってよいほど、無関係と思われている武道・武術という場所から、そのものを弁証法性において捉え、弁証法を適用することによってその本質に迫りえたと自負する具体的な理論をここに提示したいと思うのである。およそ「弁証法とは、自然、人間社会、及び思惟の一般的な運動＝発展法則に関する科学」（「科学としての弁証法」の創出者であるエンゲルスの言葉）である以上、その人間が創出し、かつその人間を担い手とする武道に弁証法的な性質が存在するなどということは、理論的に考えることができなくてもこれまたあたりまえのことでしかない！のであるが、人間の社会にはこの当然のことが少しも当然のこととして通用しないところに、別の意味での面白さがあるといってよい。

それはともかくとして、武道を弁証法的に捉え返してみることにより、学問レベルにおいてもすなわち科学レベルにおいても、また具体的レベルにおいても、つまり技術レベルにおいてもはっきりと弁証法の有効性を確認かつ証明できたことは望外の喜びでもあった。

またそれと同時に、実力は当然のこと、その実力養成のための必死の研鑽過程をもってはいないのに、いわゆる哲学者と自称する一連の衒学者《ゲンガク》たちの弁証法に関わっての悲劇が、喜劇という形でクローズ・アップしてきたことも予想外の収穫であった。

これはまた、真理の探究と称する人たちの言動と、武道の世界の指導者たちとの類似性もまた面白さを倍加してくれた。柔道・相撲・剣道・合気道・居合道などが必然的にレベルダウンしていく原因を摑みえたこと、極意書をどうしたら身体で読めるのかを知りえたことなど、「科学としての弁証法」の有効性については、無限といえるほどの喜びを感じとっている今日この頃である（私の「著作」の引用は、本書に合わせた文字、文体に直してある）。

(4) 武道空手の限界を打ち破るための弁証法との出会い

さて、以上の「まえがき」を改めて読んでもらったのであるが、これには大きな理由が存在しているからである。その理由とは、大きくは以下の二つである。

一つは、私が大きく弁証法なるものを理解できた恩師三浦つとむへの弁証法への学びが、この『武道の理論』の執筆により、ここである意味での完結となったことである。ここの「ある意味で」とは、私がもし恩師三浦つとむの弁証法との偶然的な出会いがなかったならば、私の弁証法への大きな学び、すなわち、弁証法の学的修得への向上は、おそらくはなかったといってよいからである。これも過去に記したことだが、恩師三浦つとむの著作との出会いは、これまた偶然にも私の弁証法への学びが大きく停滞していたというより大きな壁にぶつかっていた時期であったからである。弁証法の学びの停滞が私の人生をこれまた大きく変えていくことになる武道空手への学びへとなっていくきっかけとなった、ある事件との遭遇をもたらすことになっていった。

その事件のゆえに武道空手を朝に夕にの修練を続ける日々が、どういう風の吹きまわしか、これまた偶然に某大学武道空手部の主将となるハメになったことであった。現在のスポーツ空手しか知ることのない読者の方々には、武道空手の修練とはなんとも大ゲサな！　と思われるであろうから、まずは『武道の理論』そのものの内容を読んでいただく必要があろう。

その一節を取りあげてみよう。

私が空手を習いはじめたころは、そんな優しい練習はこの世になく、心臓に毛でもはえていなければ、空手の上達は不可能に近かったからである。今でも思い出せる。入門した練習の初日に腰を蹴られて一カ月も片足をひきずり、翌日は顔を殴られて鼻血で道着が血だらけになったことを。ともかく、当時の空手はケガを恐れていては上達は不可能に近い、至難の業であった。……そこで、私が指導者になって取り組んだ最初のことは、武道を弱者のものたらしめうるか、ということであった。

いわゆる先天的に才能をもった人々のみの武道ではなく、本来的に武道を必要とする弱虫が容易に学べるようにはならないのか、ということであった。もともと度胸があって強い人々は、なにもそれ以上強くなる必要はない、弱い人間が強くなって一人前の口がきけることこそ大事じゃないのか。それなのに、強くなるために必要な武道が、強い人々にしか習得できないのでは、一体なんのための護身術だと心外に思ったのである。

以上の引用を読者の方々が読めば簡単に、当時の私たちが修練した武道空手の一端が少しは分かってもらえるはずである。こんな武道空手をまじめに修練していた当時の、私の弁証法に関わっての実力のほども分かってもらえるはずである。

端的に説けば、この頃の私は弁証法の基本書といえるレベルの書にはまだ出会えず、それだけに弁証法の書物（柳田謙十郎著『弁証法十講』創元社）をいくら熟読してみても、その弁証法とやらの中身の実態に立ちいれることなく、ただひたすら文字を理解していくしかない初心者であっただけに、武道空手部の主将となってはいても、その自らの指導方針を弁証法を用いて云々という実力にはなんとも程遠いものがあったのである。

ところがこの頃に、以下の引用文の出来事に何回となく出会う偶然性の一つが起きてくる。

さて、ここでまたしても、少しばかり昔話をしなければなるまい。

旧来の私の読者の方々には自明のことであるが、私がある偶然性のゆえをもって武道空手の道に学びの歩を進めたとき、大きく驚かされたことの一つに、この世界にはいささかも論理性がないということであった。つまり、あの頃の武道空手の世界はいわば無学文盲そのものであり、日本中どこを探しても、武道空手の理論はおろか論理性といえるほどのものすらほとんどなかったといってよい。

端的には、組手の理論は当然として、突と蹴の区別と連関すら論理的には何一つとして分かってはいなかったのである。十代の初めより哲学の道に憧れ、観念論とか唯物論とかという言葉に出会っただけでも、心のときめきを覚える中で青春をおくった身には、これは到底耐えがたいことであった。私は十八歳がまもなく過ぎるか、十九歳になったばかりというある日、ほんの偶然のことで弁証法との劇的な出逢いをもつことになった。

以来、弁証法への憧憬が私の心を離れたことは一度としてなく、私は何か弁証法が人類の宝であるかのような思いにとりつかれてしまっていて、弁証法をものにできずして何の己が人生ぞ、との信念にまでなっていったのであり、哲学＝弁証法を究めればもう死んでもいいとまでの思いつめが始まったのである。なぜここで「哲学＝弁証法」となっているのかを簡単にいえば、私は弁証法というものは哲学という第一級の学問の生まれ変わりだと、どういうわけか信じきっていたからである。まったくのこれは偶然性なのに、どうしてそこまでの思いを託すことになったのかについては、今は多くを語ることはできない。あえて述べておけば、ただにこれは一目惚れと同じ構造であるといってよいであろう。

自身が人生の強烈な生き様を望んでいたにもかかわらず、それをどう生きることが見事なのかを求めても求めてもかなわないでいたときに、「これこそが本物なのだよ」、と目の前に出されたと思い込んだのが、弁証法という名の哲学だったからなのである。……

こうして私は、弁証法を学問的に学ぶことに生涯を賭ける第一歩を踏みだしたのである。この賭けの中身も十代の若さらしく単純明快であった。それによって、このままではもしかしたら三流の人生しかおくれない自分でも、弁証法という学問的宝を自家薬籠中のものにできれば一流中の一流になれるやもしれぬ、いやきっとなれる、必ずなってみせるとの生き方をするようになっていったのである。

このような生き方を始めた私自身であったにもかかわらず、その肝心の弁証法という名の哲学への道程は一向に定かにはならなかった。なぜかといえば、私は秀才という名からはずいぶんと大きな距離があり、いわば鈍才に近い凡才であったから、単なる知識主体の哲学書に黙ってついていくだけの努力ができがたかった、すなわち、外的ないし客観的対象との関わりの中での対象の構造の究明ならばともかく、単に哲学者の思い入れ的主観による解釈のみである哲学書に従うには、到底自らの感情＝感性が許さなかったからである。

このような、情熱と現実との板ばさみで苦しんでいた頃に、かつて述べたような偶然性（『武道への道』〈空手＝拳法への道〉参照、三一書房）のゆえをもって武道空手との出会いがあった。そしてこの武道空手との出会いの偶然性が、大きく弁証法＝哲学への道への必然性に転化する偶然の出来事に逢着することになるのである。

武道空手の世界を無学文盲に等しいと先述したごとく、哲学に憧れ続けてきた身にはこの無学さは我慢ならないことであった。これが空手の世界に大いなる淋しさを抱き続けてきた中身の一つでもあったが、偶然の出来事がこの淋しさを解決するきっかけを与えてくれたのである。しかも、私自身の本来の目的たる弁証法への憧れをも含めてである。その偶然の出来事とは何か、それは次の著作との出逢いによる。私は小躍りせずにはいられなかった。

（『武道講義　武道と認識の理論　第一巻』三一書房）

それはこの頃のある冬のこと、偶然の大雪となって練習が休みになったことを幸いとして、朴《ホオ》歯《バ》（高下駄である）をはいてとある書店へと足を向けたことである。まさに偶然とは怖いものである。そこの書店に置いてあったある雑誌をめくっているうちに、やがて何十年もの私淑しての恩師となっていく三浦つとむの文章に出会うことになったからである。それは「本当のことをいって嘘をつく方法」という題名（定かではない！）であった。

ここで話を少しそれて、説いておきたいことがある。それは「朴歯」で思うことがあるからである。この頃、すなわち昭和の三十年代までの頃は柔道部、剣道部、空手部は朴歯をはいて歩くなどは当然のこととして存在していた。また、大相撲の世界でも下駄を当然のように使用していたものだし、つまりほとんどの力士の日常は下駄での生活であり、国技館への電車通勤も下駄だったものである。「何がいいたいのか？」と不思議がる読者の方々とてあろう。それは簡単なことである。武道にとっては常識である足腰の鍛錬とは、まず下駄をはいて動くことから始まるのが当然だったからであり、やがて（すぐに）朴歯をはくことでの鍛錬が常識だったからである。私などは中学・高校への通学ですら、十数キロの山道を朴歯で歩くどころか、走ることさえ度々の日常であった。

話を戻すことにしたい。そこで、この著者の書物に何か役に立つものがあるのでは！　と探し求めて、とある田舎の図書館で『哲学入門』（三浦つとむ著、双流社）に出会うことになった。そしてまもなく、『こう考えるのが正しい』（三浦つとむ著、青春出版社）が発刊（一九五五年）されてくる。『哲学入門』は易しく説いてあるようで、とても難しかった記憶があるが、『こう考えるのが正しい』は正直いって易しいのか、難しいのか、どうにも分かることができなかった。そうこうするうちに『社会の正しい見かた』（三浦つとむ著、青春出版社）が出版（一九五五年）されることになり、この書物は、それはそれは易しく読みこめるものになっていた。

この二冊が、当初は私の弁証法の学びの基本書であったが、その後『弁証法はどういう科学か』（前出）に出会うことによって（この三冊が私の頭の中に合体されることによって）、私の弁証法の基本書の完結となったのである。こうして、ようやくのことで私の弁証法への学びの深化が大きく始まっていくことになる。ここを簡単に説いておくならば、武道空手の修練で武道・武術の壁にぶちあたって苦悩するたびに、この三冊の大事な箇所を読んでなんとか一つまた一つと壁をぶち破ることができていくのであった。そしてその理解が理会へと進んでいくほどに、なんとも訳が分からないままに学習していた『弁証法十講』の内実の欠点が、見事なまでにはっきりさせられていくのであった。ここで理会とは哲学用語の一つである。端的には、理解の意味が対象の性質、論理などがきちんと分かることであるのに対し、理会とはそこから進んで（深化していって）自分の能力（実力）とまでなっていくことをいう。

さて、それにしても私はこれまでに弁証法という言葉に関わって、何回か激震におそわれたような感になったことがある。この経験は以上で三回目であった。一回目は高校生だった頃、友人の家で偶然に手にとって見ることのできた『観念論と唯物論』（柳田謙十郎著、創元社）の目次の中の「弁証法的世界」という言葉で、であり、二回目は、大阪の古書店での弁証法の大いなる有効性を説いた書物で、であり、三回目は以上説いたように、とある雪の日の三浦つとむ論文との出会いで、である。

（5）三浦つとむの書を役に立つ弁証法として読みとるとは

この「まえがき」を読んでもらう理由の一つ目は以上として、二つ目は、ではなんであったのかを以下に説いていこう。理由の一つ目がいわゆる「役に立つ弁証法の基本書にようやく出会えたこと」であったと説いたが、この役に立つ弁証法というものが分かりはじめたことによって、ようやくにして大きな夢を果たすことへの現実性が、明確になったことである。

それは、何回も説いたことの繰り返しとなるが、『弁証法はどういう科学か』にある以下の三浦つとむの言葉が、大きな原動力となったということである。

弁証法を矛盾とか、対立の統一とか、否定の否定とか、個々の法則について考えることは重要ですが、しかしこのことは現実の法則的な性質が別個に存在していることを意味しません。物理や化学の法則的な性格が互につながり合っているように、弁証法が扱う法則的な性格も互につながり合っており、自然の法則的な性格のつながりを発見するのが自然科学の発展であるように、弁証法で扱う法則的な性格のつながりを発見して単純なものから複雑なものへと進むのは弁証法の発展です。従って経済学や物理学のような個別的な科学に革命的な発展が起ることは、これまでに見られなかった複雑な建物が出現したのと似ていて、その中に複雑な骨組みのあることを想像させ、そこから弁証法を発展させる可能性を考えることができます。そしてこの弁証法の適用が、さらにほかの個別的な科学の革命的な発展をもたらし得ることは、ある建物の骨組みに試みられた新らしい工夫が、それ以前の建物を改築するにあたってヨリすぐれたものへの改良を可能にするのと似ています。

ここから、自然科学であれ社会科学であれ、科学の発展の最も高い段階で仕事をしている科学者や政治家であってはじめて弁証法を発展させることができるのだということ、いわゆる哲学専門家にはそれが不可能なのだということがわかります。

以上の恩師三浦つとむの文章は、弁証法をしっかりと学んでいくならば、実に意義深いものが存在してくることになるのだ、と読者の方々には分かってもらえるだろうか。私は当初、この文章を、この文章の意味通りに読み、かつ学んでいたのであったが、やがてこの文章の読み方が少しずつ深化していくことになっていった。すなわち、読みとり方がしだいに深くなっていき、意味を通りこして、意義レベルへと量質転化化していくことになっていったのである。

簡単には、「弁証法を矛盾とか、対立物の統一とか、否定の否定とか、個々の法則について考えることは重要ですが、しかしこのことは……弁証法の発展です」とある文章の中身を、理論的体系性を把持するものとして捉えられるようになっていくのである。簡単には以下である。

一つには、恩師三浦つとむの説く矛盾と本物の学問的体系性としての矛盾とは大きく異なるものであるとか、二つには、対立物の統一というものは矛盾の構造そのものであるとか、三つには、否定の否定の構造には量質転化や相互浸透の過程性が存在するのだとか、四つには、量質転化の構造は相互浸透の構造そのものなのだ……とかである。

もっと端的には、量質転化の構造に相互浸透があり、相互浸透の構造に否定の否定が存在していると分かっていき、結果、量質転化の構造は相互浸透の構造と否定の否定の構造の複合構造の形態を把持しているのだ、ということであった。

私がこれらの過程性、構造性を分かりはじめるのは、この三冊の書物に出会ってから二十年もの月日が当然のように流れていったのであったが……。

それにしても恩師三浦つとむのこの文章の私にとってのすごい功績は、最後のところの「ここから、自然科学であれ社会科学であれ、科学の発展の最も高い段階で仕事をしている科学者や政治家であってはじめて弁証法を発展させることができるのだということ、いわゆる哲学専門家にはそれが不可能なのだということがわかります」との文章であった。

私は、ここを拡大解釈して、「武道空手そのものを自然科学や社会科学に匹敵するレベルの学問として研鑽していく決意」を固めることになっていき、やがて『武道学綱要』（原題『武道とは何か――武道綱要』三一書房、一九七七年）そのものとして完成できていったからである。

（6）ヨゼフ・ディーツゲンから学んだものとは何か

私が恩師三浦つとむに学んで獲得できたことの一つに、「ヨゼフ・ディーツゲンの学問的内実」がある。恩師三浦つとむの『弁証法はどういう科学か』に教えられて、ヨゼフ・ディーツゲンの書物を購入することができたのであるが、それは次の三冊である。

（一）『人間の頭脳活動の本質』（小松摂郎訳、岩波書店）
（二）『哲学の実果』（山川均訳、改造社）
（三）『マルキシズム認識論（原題『一社会主義者の認識論の領域への征入』）』（石川準十郎訳、改造社）

他に求め得た書に、ヨゼフ・ディーツゲンの「著作集」たるドイツ語原著 *Josef Dietzgen Sämtliche Schriften*（Berlin 1930）がある。

それにしてもここで、上に挙げた彼、ヨゼフ・ディーツゲンの著作による私への影響をどうしてもある程度具体性をもって説いておくべきであろう。私の『武道の理論』（『全集』第四巻所収、現代社）では、彼、ヨゼフ・ディーツゲンを端的に次のように述べている。

私が武道一般を研究しはじめてから二十年近くになるが、その中での専門は空手であり、その長年にわたる指導を通して、現在は五十もの道場の統括者として一般会員の指導と、師範たちの再教育に明け暮れている。他の武道・武術の世界はともかく、私が指導者になったころの空手界は、誰が天下を治められるか分からない、争いの真っ只中の戦国時代といってもよく、そこには理論らしき形はあるものの一皮むけば化けの皮であり、よくいって実体論的段階までには「いまだし」の現象論的段階（武谷三男の言）であったろうか。

空手の本質を捉えきっていないがために、なぜそうあらねばならないのかの解明がいかにも表面的であり、やれば強くなる式の強引な練習が幅をきかせており、教える側も教わる側も五里霧中といった有様であった。技は数多くあっても教えるべき言葉を知らず、語彙《ゴイ》と言語との区別すらつかないどこかの国の学者先生よろしく、語彙を教えて言語を学ばせているかのような錯覚に陥っていた時代であった。

二十二歳でもって組織のトップに立ち、右も左も分からぬ青年が、実践的な武道空手という「殺しのテクニック」を指導するさまは、まさに「盲、蛇に怖じず！」の状態そのままであったが、本人は大まじめで我こそは天下一と自惚れていたのだから始末におえるものではなかった。ただそんな私にも一つだけ長所があり、そのために一応の仕事ができたといってよい。それは教えることが大好きで、教えることに責任をもったのだ、ということである。

自らがまともなものを知らないままでは教えられない、しかし教えないではすまされない──そこから私の武道論・武術論そして指導論・組織論への遍歴が始まったのである。その困難な道を尋ねたずねて私の求めていたものを示唆してくれたのは専門の武道空手の先生ではなく傍流の剣道の先生であった。

再びヨゼフ・ディーツゲンの言を借りるならば、「私はこの問題を研究し、この問題について今日までに知られている一切のことを知るために非常な努力をした。そして哲学の歴史は、ある意味においては、私の一身の上にくりかえされた」（前出）といってもよいだろう。もし私が教えることに責任をとるタイプでなかったならば、もうとっくに武道の世界から離れてしまっていただろう。だが、それがあるために、否応なしに指導論・組織論・技術論に取り組まねばならなかった。学ぶとは、まさに目的をもった人間の活動であり、そして、本当の独学とは自ら進んで対象と取り組むことであるとしみじみ思うのであるが。ともかくも、手さぐりで暗闇のなかを進まねばならないのであるから、もう毎日が傷だらけであった。

（『武道の理論』『全集』第四巻所収）

以上の文言からは、なかなか分かってはもらえないだろうから、説明を加えておくべきであろう。私がヨゼフ・ディーツゲンに教えられたことの中身は二つあり、一つは哲学上の学びをわが一身の上に繰り返すということであり、他は、学問というものは体系化でもって完成するものである、ということである。

だが、恩師三浦つとむの著作には、この大切な二つがどういうわけか存在していないのである。しかしながらこの二つの修学がなされない御仁の場合は、どうにも学問化へ向けての大事なことが欠落することになっていくのである。これは恩師三浦つとむは当然のことながら、もう一人の恩師である滝村隆一についても、あてはまる淋しい現実であった。ここを、私の学びの過程を振り返る形式で少しでも説いておくべきであろう。

---

①

読者はその暗黙の、或いは声高の異議を、欠陥の多い形式、私の物の言い方に対してではなく、私の言おうとしている内容へ向けられることをお願いする。私がこの理念を発展させるのに成功しなかったにしても、従ってまた、私の声が書物の氾濫している我々の市場で窒息させられようとも、真実はより有能な代表者を見出すであろうことを私は確信している。

（ディーツゲン著、小松攝夫訳『人間の頭脳活動の本質』岩波文庫）

②

私はこの問題を研究し、この問題について今日までに知られている一切のことを知るために非常な努力をした。そして哲学の歴史は、ある意味においては、私の一身の上にくりかえされた。（前出書）

③

体系化ということが科学の全活動の本質であり、その一般的表現である。科学は我々の頭脳に対して世界の諸々の事物に秩序と体系とを与えようとするものにほかならない。たとえば、ある言語の科学的認識は、それを一般的な類別と規則とに分類しあるいは秩序づけることを要求する。農業科学は馬鈴薯の収穫をあげることだけを目的とするものではなく、農業の方法と様式とに関して体系的秩序を見出し、その知識によって成果の予測をもって耕作できるようにしようとするものである。

あらゆる理論の実際的の効果は、我々をしてその理論の対象の体系と方法とに精通させ、したがって成果の予測をもって世の中で働きうるようにするところにある。経験はたしかにそのための前提にはなるものであるが、しかし経験だけでは足らない。経験から発展した理論、すなわち科学によってはじめて我々は偶然のたわむれから免れることができる。科学によって我々は意識的に事物を支配し、絶対に確実に処理することができる。……昔から学者も著述家も、真理とは何ぞや、という問題でお互いに困惑してきた。この問は数千年来根本的な問題、特に哲学の根本問題を形造ってきた。この問題は、哲学そのものと同じく、結局のところその解決を人間の思惟能力の認識において見出す。いいかえれば、一般に真理の標識に対する問は、真理と誤謬との区別に関する問と同じである。

哲学は、そのために尽力し、思惟過程の最後的に明瞭な認識によって、この謎とともについに自己自身を解消するにいたった科学である。それで、哲学の本質と経過とを簡単に考察することは、我々のテーマに対して序論としてふさわしいであろう。……いかにして真理が認識されるかという方法と様式とに関する秘密、いかなる思惟も対象と前提とを必要とするという事実に関する無知が、哲学の歴史に含まれている思弁的誤謬の原因であった。その同じ秘密が、今日我々が、我が自然科学者達の言葉や著作において折りふしに（en passant）であうところの多くの思弁的誤謬や矛盾の原因である。

彼らの知識と認識とは遥かに進んでいるが、しかしそれも具体的な事物を扱う範囲内だけのことである。その他の抽象的なテーマに関しては、彼らは「実証的事実」の代りに「三百代言的詭弁」を持ち出す。というのは彼らは、何が事実であり、結論であり、規則であり、真理であるかについて、特殊の場合には、あるいは本能的には知っているにしても、一般的には、意識的には、理論的には知らないからである。自然科学の成果は、知識の道具である精神を本能的に取扱うことを教えた。しかし、成果を予定して働く体系的認識が欠けている。思弁哲学の業績に対する理解が欠けている。

さて、我々の課題は、哲学がいかに回りくどくかつ大部分は無意識的に実証科学を促進したかを簡単に約説すること、すなわち思惟過程の一般的性質を明かにすることの中に存するであろう。そして、この過程の認識が自然と生命とのすべての一般的の謎を解く鍵を我々に与える次第や、またそれによって、かの基本的な立場、思弁哲学にとって長い間憧れの的であったところのかの体系的世界観がえられる次第を我々は見るであろう。（前出書）

以上引用したヨゼフ・ディーツゲンの文章には、私にとっての宝庫というべき内実がある。現在、このディーツゲンの文言の解説を『学城』で行っているのであるが、どうして他の学者先生方はこの論文の中身を理解できなかったのかと不思議に思えてならないと、過去にも思うことだったし、現在とて同様の思いである。

まず①である。私は自分が『武道の理論』を世に出すに及んで、それはそれなりの度胸を必要としたことである。いうなれば若輩だった私が、もしかしたら世に存在しているかもしれない達人とされる人々との闘いをそれなりに考慮しなければならなかったからであり、他は、弁証法の実力がもし相当のレベル以下であれば、これまた世の中の学者先生から小馬鹿にされるかも……

との思いもあったからである。それだけに、このヨゼフ・ディーツゲンの言葉に力を借りる思いとてあったのである。だが、それらはすべて杞憂であった、といってよい。たしかに闘い（決闘）の申し入れレベルのことはあったものの、それらの闘いを私が積極的に応諾した後は、相手の方から身を引いてくれることになっていったからでもある。

（7）哲学の歴史を一身の上に繰り返すとはいかなることか

次に②のディーツゲンの文言に関わっても少し論じておきたい。ここでヨゼフ・ディーツゲンは「哲学の歴史は、ある意味においては、私の一身の上にくりかえされた」と説いている。私はこの文章に出会った時点では、この文言の意味がどうにも理解できなかったことを覚えている。少なくとも『武道の理論』をモノするまでは、である。だが、この文言に出会って十数年もの実践、修練を行えば、分かりはじめてくるものである。

ここを簡単に説くならば、以下のようになるだろう。

ここでヨゼフ・ディーツゲンの言葉を理解できた人々はほとんどいないのでは……と私は思っている。ここを理解できるとすれば、「それは本当の哲学の歴史をマルクスやエンゲルス以上に、自らの一身の上に繰り返した人だと断言してよい！」からである。弁証法的実力の一身の上の繰り返しに関しては、古代弁証法の創始者としてのパルメニデスとゼノンくらいであり、ついで古代弁証法の完成者たるアリストテレスであろうが、アリストテレスは古代弁証法の完成者であるとともに、古代学の完成者としての哲学の繰り返しがあったと断言してもよいであろう。

ここで、しっかりと読者の方々が理解できなければならない事実がある。

それは学問のそれなりの完成には、本物の「実学」が必要なのだということである。パルメニデスとゼノンは、ともにその時代を背負って立っていた大政治家そのものだったのであり、アリストテレスは読者の方には承知のように、アレクサンドロス大王を育て、世界帝国を創出させようとした学者だったのであり、トマス・アクィナスはこれまた大宗教家であると直接に、神学を宗教から独立した学問としての完成を目指した大人物だったのであるから。

ここで少しばかり初学者のために説いておくべきことがある。それは次のことである。古代ギリシャで、その時代の学問の完結者であったアリストテレスの学問は、古代ローマに受けつがれることはなかったのだ、という一大事である。では、それはどこへと移っていったのかを端的に説けば、アラビアの国家（？）において、であった。すなわち、古代ローマへではなく、アラビアの国家（？）へ受けつがれたアリストテレスの学は、その後の長期間、学としての内実はアラビアの国家（？）へと移住している間に、大きく充実したものになり、それがスコラ学派（後半期）の人々の手によって、特にトマス・アクィナスの手によって新神学という姿形をとったアリストテレスの学の復活を見ることになっただけに、トマス・アクィナスも哲学なるものを一身の上に繰り返した一人ととってよいだろう。その後は、僅かにヘーゲル一人という実際がある。それだけに、現代においても、少なくともヨゼフ・ディーツゲンレベルでの、哲学歴史の一身の上の繰り返しを成すのでなければ、ヘーゲル学の理解など、到底成しえないと断言できよう。

私はヨゼフ・ディーツゲンのこの言葉のお蔭で、武道・武術の世界史的レベルでの歴史をわが一身の上に繰り返すことができ、かつそのお蔭をもって（ヘーゲルの学問を媒介にすることで正確さを保つことが可能となったことは確かであるが）、哲学の歴史をわが一身の上に繰り返すことができていったのである。このヨゼフ・ディーツゲンの文言の引用はダテではなく、現実のわが精神と実体を通しての歴史性を把持してきた過去の事実そのものである。それだけに、このヨゼフ・ディーツゲンの文言を通して得た私の内実を、次のヨゼフ・ディーツゲンの文言を自らの文言としても記すことにしたのである。

「私はこの問題を研究し、この問題について今日まで知られている一切のことを知るために非常な努力をした。そして哲学の歴史は、ある意味においては、私の一身の上に繰り返された」のだ、と。「この哲学の歴史は」に加えて「武道・武術の歴史は」と現在ははっきりと説いておくべきであろう。これはあくまでも現在の私ならば……である。

(8) 哲学の歴史を繰り返すことの意味を、私自身の歴史で説く

次にこの「哲学の歴史を一身の上に繰り返すとは」については、私の自己の歴史とともに説いた方がよいであろう。その中身は、私自身が、元々、齢《ヨワイ》四十近くという大の大人になってからの出来事として述べるべきであろう。昔々の私は「武道の理論」を『試行』誌に連載するその論文も、論文体としての文章がどうにも書けなかったことを恥じての(その理論的世界への入口での)苦闘というものを認《シタタ》めている。具体的には、私の誇りとしていた『試行』誌への執筆が叶いながらも、恥を晒しているレベルの文章しか書けなかったからである。それだけに、昔々の私の実力向上への道筋を認めていくことにした。少し引用しておきたい。

この理由は、単純なことである。『試行』誌に連載しはじめた頃の私の論文(体系的論理の展開)の執筆能力は、今時の一級の高校生にも及ばないほどの駄文、雑文レベルの展開といってよいほどのものだったからである。つまり、きちんと整った体系性を把持しての論文体には、到底なりえなかったものだったのである。でもそれが、やがて第一級の論文体がきちんと書けるようになっていくことになる。

その理由には、以下に説くように二つほどある。一つは、『試行』誌の発刊が商業誌では

なかっただけに、なんとも不定期だったからである。すなわち、私は、そのお蔭で論文体の修行に十分なる時間が持てたということである。……

もう一つの理由は、これはこの「〝夢〟講義」にも何回も説いていることであるが、私は幸運なことに『試行』誌での連載の何回目かを経た頃から、恩師滝村隆一直々に世界一のプライベートな学問的論文の指導を何年にもわたって受けることができたことである。

その指導を受け続けた理由は、『武道の理論』の原文たる処女作としての『試行』第三十号に載った「武道の理論」㈠の本当の意味での、本物の見本としての拙文、つまり拙い文章の現象形態を眺められれば分かると思う。それだけに、その拙い文を恥じての弟子入りだったのである。たしかに恩師滝村隆一は、私より一回り若かったが、それにもかかわらず私が弟子入りしたのは、彼の『革命とコンミューン』（いざら書房）と『マルクス主義国家論』（三一書房）の中身をまともに読んで、恩師三浦つとむの『弁証法はどういう科学か』に劣らぬほどの、つまり心臓が大きく打ち震えるような衝撃を受けたからである。……

教材としては、一九七〇年当時はまだまだ名著とされていた『共産党宣言』（マルクス、エンゲルス著）と『空想から科学へ』（エンゲルス著）に加えて『フォイエルバッハ論』（エンゲルス著）なる書であった。この三著作は、今は書名すら記憶されることのないレベルになってしまっている。……

しかしながら結論から説くならば、私がこの『フォイエルバッハ論』から学んだだけの唯物論（弁証法的唯物論をも含めて）のレベルでは、カントやヘーゲルの観念論哲学に立ち向かうにはなんとも情けない実力でしかなかったことを知ることになる。……

そしてその後の苦闘期間を経て、次の実力を把持するに至ったのである。以下、引用。

哲学上の実力とは何かを読者に説く

哲学上の実力とは一体どのようなものであるかを有体《アリテイ》に説くならば、「端的には学問形成上の世界観である唯物論と観念論を、学識経験といったレベルでの知識からではなく、学問としての哲学上の実力となるようにしっかりと把握する実力を、まずは養成することである。具体的にたとえれば、巨大な寒流である親潮（観念論）と、長征する大暖流である黒潮（唯物論）をうず潮のようにクロスさせながら逆巻いて流れいく一大潮流（学問としての哲学）を見事に分けきって把握できる実力を当然にふまえた上での弁証法の学問としての把握を、しっかりと成すことである。

このためには、それを成すことができるような古代ギリシャからの哲学の過程史の理解、すなわち、アリストテレスからベーコン、ロック、デカルト、カント、ヘーゲルへと流れこんでいく怒濤のような学問としての哲学である観念の大潮流を、自分自身の認識の流れのように実力と化し、その実力把持のうえでの科学としての個別分野の学問の形成の過程を論理的・事実的に研鑽《ケンサン》して臨（第一編第二章）」んで、ヘーゲルの『エンチュクロペディー（哲学的諸学綱要）』や『精神現象学（学の体系第一巻）』くらいは、あっさりと自分の専門を例にとって軽く講義できるくらいの実力を哲学上の実力といってよいのである。
そしてこれがまた学問としての研鑽を積んでいると人に誇りたい学者の専門である個別科学上の実力でもある……。（『全集』第一巻）

(9) 恩師滝村隆一を通して学んだこととは

以上のことが可能となるためには、当然のことながら次のようなレベルの修学が必須となるのである。それは、私が心が打ち震えるほどの衝撃を受けた恩師滝村隆一の二著への、いわゆる構造論へ向けての学びである。端的には『革命とコンミューン』（前出）と『マルクス主義国家論』（前出）の二著への大きな、かつ深い学びで培った実力での中身である。

ここでの私自身の学びの実態（中身）は、はっきりと説いておくべきであろう。なぜなら、この実態の学びに関しての具体性を持った事柄は、私の弟子にどのように説明してみせても分かってもらえない、正確には弟子の大半にすら誤解された現実が長く続いてきているからでもある。

そこで、一応学問レベルの実力を把持している（正解レベル）と評価できる弟子の一人の感想を読者の方々に提示して、せめて私の学びの実態を読者の方々にもしっかりと摑んでほしいものと願っている。以下その引用文である。

今回のゼミナールで、私は何よりも一般論ないし体系性の重みというか、一般論ないし体系性を創る（把持する）ということの大事性、必須性も強く感じたことである。

なぜならその一般論ないし体系性なしには、自己の専門領域の中の何事をも、どうにも概念規定なるものすらが創出できないと分かってきたからである。

そして、その把持できてきた一般論ないし体系性の中身を論理レベルで説いていくために、それを幾分かの典型的な事実を大本にしつつ思考かつ思惟していくことが大切だと思うのであるが、その中でも特に大事なことは、それらの事実的レベルにすらも、構造に分け入ることが大切であり、そしてそこでは、「存在するものと存在していないものとの大きく二重性の構造が見えてくること」に、大きく注意を払うことが必要であると思う。

それが、つまりその二重性なるものは、たしかに最初はぼんやりしたものと思えるものでしかないが、しかし、きちんとした一般論ないし体系性をふまえてそこを視てとる努力をして、それをふまえて何とか二重性を視てとれるように努力することになろう。

そうして苦しんで考えて思惟レベルに認識を昇らせるために、しっかりと説いてみる、一般論となるべく書いていく、そしてまた書き直して思惟し直していくその中で、その二重性の構造なるものが、次第次第に明確になってくるのであろうと思われるのである。

だからこそ、滝村隆一氏のいわゆる国家論の中身を、「政治的国家」と「経済的国家」をきちんと二重性として学び直せ、そこを単なる構造的一般論にしてはならないと、先生は以前厳しくおっしゃったのだ、と思ったのである。この言葉の意味は、滝村隆一氏の本文そのものをすべてしっかり読んで、その説いてある中身にしっかり学べというレベルではけっしてなくて、あくまでも学問構築の一般論ないし体系論をふまえて、すなわち、これから説かれるべき国家論の一般論・体系論をふまえての、国家の概念規定、そのためには国家の構造である社会の概念規定、そこが可能となってきたならば、次にはそこから政治や経済や文化・教養レベルの概念規定をせよ、ということに他ならないと思えるのである。

すなわち、何より国家の一般性ないし体系性をしっかりとふまえての、その国家の中の構造に分け入ること、その二重性としての、政治とは、経済とはを論理的・体系性的に把握していかなければならず、そのためには政治・経済の実態性を把持する実体的社会の二重性からその政治の二重性、経済の二重性かつ文化・教育の二重性をふまえて、そこから二重性の二重性なる構造すなわち、政治の二重性の中の二重性のそれぞれに含まれている二重性つまり、四重性の構造へと思弁を深めて概念化までもっていくべきなのである。

そうしなければ国家や社会や、政治、経済、文化・教育などのまともな体系性を把持しての概念規定など、到底不可能なのだ、ということであろうと思う。

以上を別言してみるならば、「国家とは社会の実存形態である」との一般論・体系論をしっかりとふまえ、そこから社会そのものが実存できるためのあり方の中身（体系性）を視てみれば、そこにもきちんとした二重性があるのだ。そして何よりまず、社会が構造的一体性として生きられるために、社会的意志を一つに収斂させる必要がある。

そのための体系的政治形態、体系的経済形態を、そしてそれらのためには、文化的、教育的社会形態のまともな実存性・体系性を視てとる必要がある。そしてその意志を一つに収斂させるためにこその法制度確立なのであり、かつその必要性があることなのであろう。

もっと滝村氏的に説けば、政治を行う必要のために、その一環としての経済があるのであって、本来経済というのは政治抜きでは存在できない、そのあり方が複雑化してきているだけ（＝政治抜きでも論じられるだけ）であって、根本は時代を経ても全く変わらない。これは現在の日本のアベノミクスを見れば一目瞭然である。つまり、その根本の国家経済が崩れればすべて崩れる、国家そのものとして何事をも成り立たないということを体系性レベルで示さなければならないのだと思う。そのように考えると、学的研究に関わって二重性抜きの論理的展開をなす、などは、抜本的に見直す必要があると思う。国家に実存している、その二重構造としての社会関係たる政治および経済が、かつそのまた二重性が説かれることなく終結してしまうことになるからである。

ここを具体的に簡単に述べるならば、国家論構築に関わってのみならず、あらゆる分野に関わっての学的展開のためには、本来的には、原始共同体時代→オリエント国家時代（アジア的国家時代）→古代的国家時代→中世的国家時代→近代的国家時代と、世界歴史として登場させるべき時代、時代の国家に関わってのその構造としての二重性（四重性）を見事に体系的に構築していくことにこそ、学的本領が存在するのだ、ということなのであろうか。

ついでながら、滝村氏の展開には、原始共同体なるものが、理論的にはほとんど表れていないが、ここを極めることこそが学問の本領と私には思えてならない。とはいっても、かの大哲学者であるヘーゲル自身も大きく逃げている分野なので、これは責められるべきことではないともいえる。結論として説いておくことがある。『ヘーゲル哲学の道』の中で、この学問論理の二重構造を、「カントの二律背反に匹敵する構造論」と述べられている。その意味はなんとなくであるが、ここは学問史上を画する人類の認識の大きな発展がなされたと言えるのだと、私には思えて仕方がないのである。

(10) すべての出来事を二重性として捉えられることの根本的理由

読者の方々には、少しは何かが分かりかけてきたであろうか。でも大半の方々にはチンプンカンプンといった状態だと思う。なにしろ、ここは学問上の大問題なのであるから……。私が恩師滝村隆一に学んだ大事なことは二つある。一つは、上記の弟子の一人の感想にある、すべての出来事には二重性がしっかりとあるのだ、ということである。ここを初心者に分かりやすく説いておくなら、次の言葉となるだろう。すなわち、「すべての言葉には二重性が存在する、つまり、二重性の意義が含まれている」ということである。もっと説くならば、ある言葉というものは、それを何か他のものと区別するためにまずは誕生させられているということである。人間とは動物に対比して、動物とは植物に対比して、とかいったようなことである。

それが対比だけではなくなっていくのが、言葉そのものの宿命ということになろう。なぜなら、人間は文化を創造することによって現在にいたっている。この中身は二つあろう。一つは生活そのものの文化的創造である。これは人間が生活してきている家の歴史的変遷を見てとれば分かることである。平安時代の家と現代の家との違い！ をである。もう一つは人間はそれまでの動物と大きく違って、自分たちの大地をすべて自分たちに適合するように創り変えてきている。すなわち、自然環境をすべて自分に合う人間環境へと変化させてきているのである。

そしてこれは、どちらも二重性を把持しているものである。では、それらの二重性を把持する二つの歴史性を一つのものとして把握しようとしたらどうなるであろうか。

答は簡単である。人間対自然と大きく二重性として捉えられるはずである。これは小学生でも理解できる簡単な事実的出来事である。

では、ということで、今度はいきなり歴史を無視して「人間と自然」と把握したらどうなるのであろうか。今までの文の展開を知っていれば、二重性を持ったもの同士を単純に大きな二重性としただけと分かるはずである。

でも、この経緯を知らない人々はどうなるのであろうか。歴史を全く無視した人間と自然との二重性だけを唱えることになるはずである。そしてその結果、なんとも無惨にも、「人間と自然との調和」なる、あってもなくてもよいスローガンを掲げる、で生きていくであろう。
「それがどうしたのだ!?」との反論は多くあると思う。
「人間と自然との調和」という美辞麗句の中身、すなわち実体は、自然環境の破壊という現実で、読者はすべて分かっているはずである。人間は、自分たちに適合するように自然なるもののすべてを変えてきているのが人類そのものの歴史だということを、小学校時代からの歴史や社会の問題できっちりと学んできているのであるから。大航海時代一つ、あるいは産業革命一つをとってもそうである。それで大海洋が、あるいは大工場地域がどれほどに汚染されてきているか、である。そのようにして人間は知らず知らず（?）エアコン、新建材、道路、学校のすべてにわたって自然を壊してきていると知ってはいるはずである……。

そういった歴史的事実であるすべてのことを論理として、学問として体系化してきたものが、学的研鑽の事実的中身だ、と分かってほしいものである。言葉というものは怖いものである。それをうわべだけで読めば、なんとも立派、かつ、きれい事なのであるのだから。

であるから、私が恩師滝村隆一に学んだ大きな一つが、すべての出来事を二重性、すなわち歴史的事実の両側面として捉え返すということだったのである。ここが、このことが私の学的出立を可能とする大きな柱の一つになったのだということである、と断言しておこう。

(11) 世界歴史の本当の実態とは——世界歴史の概念を説く

もう一つは「世界歴史」の実態について、ということである。
私の恩師滝村隆一は「世界歴史」について次のように説いている。

これは六九年以来の私の一貫した主張であるが、形式的にはヘーゲルから継承したマルクスの〈世界史〉なる概念とは、いわゆる直接の時代的世界性、つまり時々の時代として現象する場所的・空間的な意味での世界性を意味するのでもなければ、また、個別歴史の機械的な集合ないし総体としての世界性を指すのでもない。あくまで時代的世界の推移を数世紀という巨視的な射程において観察して、時々の時代的世界の尖端をゆく、あるいはその尖端に躍り出た諸民族が、経済・政治・文化の統一的な様式において、従前支配的だったそれを質的に凌駕する現実的可能性を把持することによって君臨するに到ったとき、この新たに到来せる統一的様式をその根柢的な原理すなわち高度の一般的論理において抽象・把握するところに成立する概念である。マルクスはかかる社会構成の〈世界史的〉発展を、とくに基底的な経済的社会構成に即して、『大ざっぱにいって、経済的社会構成が進歩してゆく段階として、アジア的、古代的、封建的、および近代ブルジョア的生活様式をあげることができる。

ブルジョア的生産諸関係は、社会的生産過程の敵対的な、といっても個人的な敵対の意味ではなく、諸個人の社会的生活諸条件から生じてくる敵対という意味での敵対的な、形態の最後のものである』（『経済学批判』序言）と定式化したわけである。

（『国家の本質と起源』勁草書房）

恩師滝村隆一の、ご当人は「世界史の発展史観」とされるこの「世界歴史」なる概念は、これも私に大きな大きな示唆を与えてくれたことである。

とはいっても、二重性（二重構造）のところで説いたように、実はここも恩師滝村隆一の本文そのものに、しっかり、かつ、きっちりと学んだわけではないのである。

といったところで、ここで少し（といっても本当のところは大きくなのであるが）付加すべきことがある。それは、恩師滝村隆一と私の学問的土台の違い！　について、である。これは学的土台そのものが大きく違っているのである。

恩師滝村隆一は、私と違って弁証法を大きく嫌うようになっていかれた。このことは、恩師の著作のいたるところにでているので、著作を少しでも読んだ方には常識といえよう。例えば「弁証法を『打ち出の小槌』などと大きく評価する人々がいるが、とんでもない素人レベルの無邪気な誤解である」レベルの表現をいたるところにちりばめているからである。たしかに、恩師滝村隆一の著作で弁証法性を帯びているものはたった二冊のみであり、それは私が学んだとする前出の二冊である。この後の著作からは弁証法は全く姿を消していくことになる。

私は二重性（二重構造）を恩師の二重性の文字だけを戴いてきて、その文字に歴史性と弁証法性を重層的に含んだものに概念化していったことである。

そして、これも同じように恩師の「世界史の発展史観」なる文字に大きく歴史性と弁証法性を加えた上で、そこを重層的に捉え返して、ヘーゲルの発展史観にこれまた大きく学んでの「世界歴史」とする概念を創出していったことであった。

では、ということで、その私の弁証法的二重構造的なる実力を内に含む世界歴史の概念の中身とはいかなるものかを、私の著作からの引用で提示しておくことにしたい。

恩師滝村隆一の説く世界歴史と異なり、弁証法的唯物論の立場から説く本来の「世界歴史」とは、ではなんであろうか。端的にこれは、人類（として）の社会的認識＝社会的労働の発展形態の歴史そのものである。

簡単にいえば、原始共同体の社会的認識の中枢形態・様式が、それまでとるにたりなかったオリエント地方へ伝播し、それが未開のオリエントの中枢形態・様式と相互浸透を起こして見事なる発展を遂げたものが、オリエント社会の社会的認識へと発展的構造を持つことになったのであり、そのオリエント社会の社会的認識の中枢形態・様式が、同じくオリエントに比すればとるにたりない古代の社会へと流れて、同様に相互浸透を起こして新たな古代的社会の社会的認識へと発展していき、これまた同じく古代的社会の社会的認識が、中世的社会の社会的認識へと発展していき、中世的社会の社会的認識が、近代的社会の社会的認識へと発展していくことになる。

そしてこれらは、すべて、外界の反映が大きく異なっている場所の社会が、発展可能なレベルで存在し、かつ反映中の認識の中枢がそこへ浸透する様式での移動とともに……である。

この「時代の覇者である原始共同体の中枢が、未開レベルのオリエントに流れこんで相互浸透を起こす」という内実を、形而上学的に文字のみ、言葉のみ、あるいは文章のみで理解してはならない。当然のように、これは弁証法的レベルで流れこんで相互浸透レベルでの構造的大変革が次代の覇者たるべく進化発展がオリエント国家に興っていくという弁証法性を把持して、なのであるから。

このことは、「弁証法とは自然・社会・精神の一般的な運動＝発展の学問である」という内実を知らない人々にとっては、到底理解の外であるのである。

（「武道哲学講義Ⅱ」『全集』第五巻所収、現代社）

以上の文を読んだ読者の方々は、何が異なるのかを分かるのは、簡単であろう。端的には、恩師の二重性（二重構造）の概念には、弁証法で説くところの歴史性、発展性がない、ということである。私の二重性（二重構造）とは世界歴史には発展性、すなわち歴史性がある、ということでもある。

念のために、を少し説いておけば、恩師滝村隆一は、世界歴史の発展段階なるものを、「アジア的、古代的、封建的、および近代ブルジョア的」との、マルクスの文言レベルで踏襲しているような趣であるのだが、私は「原始共同体時代↓オリエント時代↓古代時代↓封建時代↓近代ブルジョア時代」と把握しているものである。

それゆえ、私のいわゆる二重性（二重構造）そのものにも当然ながら弁証法レベルでの発展性・歴史性があり、すなわち弁証法性的な論理構造が含まれているということであり、弁証法性とは、端的には物事すなわち事物・事象のすべては「生成発展の歴史性」の過程的構造を把持しているものだ、ということである。少し言葉を足せば、すべての事物・事象というものは、弁証法性を含んでいるのだ、すなわちすべての事物・事象は、歴史性を持つものとしての生成発展の構造を含んでいるのだ、歴史性を持つものとしての生成発展としての二重性の構造を内に含みつつ生成発展しているものだ、ということなのである。

このことを読者の方々には、しっかり理解してほしいものと願っている。

以上、私が恩師滝村隆一に学んだ中身（実態）を簡潔に述べてみた。その結果が、一連の私の「武道哲学講義」となり、それだけに、他の著者の方々の書物と違って、私の小論はすべての言語が、すべての言葉が、そして加えるに文章文体そのものが弁証法性を把持していること、言葉の内包に生成発展の構造性を把持していることを分かってほしいものである。

そうなれば、私の文章の理解の仕方が大きく生成発展していくことになる……のであるが。

さて、ここで以上の二重性に関わっての理解を読者の方々にもっと深めてもらうことを願って、他の弟子のレポートを二つ三つ併せて載せておきたい。

(12) 弁証法の学びを目的意識的に二重性で捉えることで深化させる

〔レポート①〕

ゼミでご指導いただきまして、どうもありがとうございました。最近はゼミの発展についていくことができていないことを自覚できているだけに、ゼミでの二重性が私への解答となるものでした。そこには、「学問的世界あるいは理論的世界へ足を踏みいれたいと志している方々へ向けての、いわゆる学び方のプロローグ」を説きはじめたとあるように、詳細に、（難しくかつ分かりやすく、でもやはり難しく）、学び方、考え方、歩み方を説いてくださっていたように思います。

そこから学んだことは「二重性」で捉えることの重要性です。このことは滝村氏に学んだこととして説かれていますが、しかしそれは単なる「二重性」という言葉ではない、ということもまた事実のことです。二重性、二重構造というものも「歴史性」があるということです。「私は二重性（二重構造）を恩師の二重性の文字だけを戴いてきて、その文字に歴史性と弁証法性を重層的に含んだものに概念化していった」と簡単に一言で説かれていますが、これはもの凄い内容を含んでいることと思います。

これがあたりまえにできてしまうというか、「二重性（二重構造）」という言葉を見てとっても弁証法的にしか考えられないほどに学的実力があると、物事をすべて二重性（二重構造）で捉えようとして、事実を見てもその性質やその論理を見ても、どうしても歴史性、弁証法性を持った二重性（二重構造）でしか捉えることができない、それが本当に弁証法的な実力がある、ということなのだと思います。これは知識ではないのだとつくづく感じます。

ですからゼミでも、どのような質問に応じられるにも、すべては「一つとして」「一般性から」「歴史性あるものとして」「弁証法性として」物事を見てとり、考えていくことを続けることが大事であるということの理解につながる講義であったと思います。

まずは一般的に、そこをふまえて次に「二重性（二重構造）で」、としてその構造に分けいっていく、という段階が「二重性」という言葉で示されたのだと理解しました。

そのことは、「初学者のための……」を説き、続いて「中級者のための……」といわれるものの、何をどのように考えていけばよいのか、と考えていた私にとっては、「そうか！　まずは一般的に読み解いてきた、次は、二重性（二重構造）で読み解いてみよう！」という指針をいただいた思いになりました。

先生が、講義の中でご自身の学的歩みを振り返り言われた「二重構造で説ききり、弁証法で説ききり、次に二重性と弁証法性とをあわせて説ききった」という言葉を、そのままにいただいて、「中級者のための……」ではすべて二重性で説ききる、弁証法性で説ききる、二重性と弁証法性とをあわせて説ききることである、ということを、それがどういうことなのか、と考え続けながら取り組んでみたいと思います。

講義をお聞きした時には「そうか！」と思ってメモしたことが、今、読み返してこうして言葉にしてみると、なんだか違う気がしてなりませんが、とにかく今後の私の視点のキーワードは「二重性（二重構造）」としたいと思います。これまでの私自身の学び方の歩みを振り返ってみますと、事実レベルでも論理レベルでも、これまでは二重構造では考えてきていませんでした。これまでもご指導いただいていたとは思うのですが、理解できていなかったと思います。

弁証法の学びにおいても、「量質転化」の理解を事実レベルで積み重ねたのが最も長い時間だったように思います。「量質転化」を分かろうと努力して事実を重ねて、物事を視ようとしていったら、いつの間にか「相互浸透」なくして「量質転化」はないのではないかと思いいたり、「相互浸透」の学びになっていました。「否定の否定」に関しては、「相互浸透」の積み重ねが「量質転化」にいたったら、結果として「否定の否定」になっているような、本当に学びとっているのかいないのか、あいまいな理解のままの事実です。すべては「否定の否定」に視えるような「量質転化」に視えるような「相互浸透」であるかのような、なんでもそのように捉えればそのようにいえるでしょう、という思いです。本当のところ、弁証法の三法則についてはまだ初心者の学修プロセスをいまだに辿りつづけているような心もとない状況です。ですから、今の初学者たちが「対立物の統一」から、「二重構造」から弁証法の学びを始めて、物事の弁証法性をしっかりと視てとっている、ということをお聞きすると「すごいな」と思うばかりでした。

ですが、ここで改めて、私もいよいよ「対立物」の理解の段階へ、そして「対立物の統一」の理解への段階へ進む時だと思いなおしました。しかし、この対立物の〝統一〟なんてすごいことができるのだろうか、と思いますが、それが可能なのが論理の力なのでしょう。

『看護覚え書』を読みとる視点も、これまでは単に書かれたことを理解しようとするレベルで読みとってきましたが、「二重性」の論理構造を意図的に問いかけながら読んでみようと思います。おそらく何も視えてこないと思いますが、その何も視えてこないところから視ようとすることが何よりも重要だと思うのです。視えない論理を視ようとする努力を重ねてみようと思います。

「武道講義」ではもっともっと高尚な中身が説かれていたはずなのですが、世界観についても国家学についても、そこは具体的に描ききれないままに、本当に一般的に「二重構造の論理性」として理解できるレベルに落として受けとってしまっていました……。

さて、後は講義をお聞きしながら断片的に理解できたことが幾つかありますので、書かせていただこうと思います。それは、一つには、自分の論文の目次を書いてみて「このように考えてよいでしょうか」と質問したことに関わります。

先生は何もいわれませんでしたが、「間違っていようが、今はどう考えてもよい（どうせ間違っている）、でも考えることが大事」、という解答をいただいたと理解しました。

体系の像にしてもそうです。全く違うことはうすうす描いている中で感じていますが（書いたら違うことが視えてきたようにも思います）、正しい解答をもらうものではないし、もらってもモノにはならないのだと思いますので、まだまだ悩んでおこうと思います。

また、目次を書いてみて「これでは観念論だな」と感じたことに関わっては、論理的に解く時には、事実から説くのではない、という意味で一般論から説き起こすことになり、それは観念論（世界の始まりという意味ではなくて）にならざるをえない、ということだと説いていただいたと理解しました。

ですから、今の段階で思いついたことは、つらつらと思い描き、温め続けていくことが必要なのだと思います。それを続けることが何よりも重要なのだと思います。それが何よりも難しいことなのかもしれません。そして最後にもう一つ。ゼミの中で取り上げられたある武道空手に関わってのレポートの中身＝実態が心に響きました。二十年、三十年続けているからこその苦悩が見えたように感じたからです。続けることの厳しさ、理解できていない成長できていない自分も見えはじめている私であるだけに、苦悩に共感しすぎてしまったところもあるかもしれません。なぜか涙しながら聞くことになってしまいました。

その中から幾つか考えたことがあります。自分の弱さに向き合う強さ、後輩の実力を認めることの恐さを超えて自分の事実を客観視することができるだけの強さは、私も持ちたいと思います。一方で、先生の武道空手に関わっての指導の本当の中身（実態）や、桜花武道局や黒龍隊の成長や技の実体や強さの実際や上達の過程性を見抜く眼を持っている先達の存在は、組織にとってはとても重要だとも思いました。そうした支え手の存在も含めての組織の力であると思うからです。「時代性」というものも感じさせられます。私はこれまで本当に恵まれた中で育てていただいてきました。そして、ありがたいことにその成果を実感させていただき、社会的に生きていく基盤もいただきました。

それでも本当はここからなのだと思います。それだけの研鑽ができていない毎日を嘆くのではなく、限られた時間の中でのご指導をしっかりと受け止められる努力をしていきたいと思います。またお会いできる時を楽しみにしております。今後ともご指導よろしくお願いいたします。

(13) 社会の発展をふまえて哲学の生成発展の流れを考える

〔レポート②〕

パルメニデス、ゼノンからアリストテレスを経てのトマス・アクィナス（さらにカント、ヘーゲル）への流れというのも、いわゆる哲学の学的な生成発展の流れを辿ることであり、人類はいかなる過程を辿っていくことで、この世界を体系的に認識しうるような認識へと成長してきたのか、そこをおさえながら、我々はどのようにすれば各々の専門分野を体系化できるのかを指導できるようにならなければなりません。

この哲学の必須性というのを、皆はどれほど真摯に受け止めているのかどうか……と思います。ただ皆のことはともかく、私はその実力をつけなければなりません。

またその後、弁証法の学的に発展していく流れが説かれています。「まず古代ギリシャ時代にあったのは、「自然の弁証法」であった。この時代には、主として人類の向かう目（認識）としては自然的な現象が主であり、それに向かっての研究が行われていたからである。……」とあります。その後に、「それに対して、「社会の弁証法」が大きく顔を出してくるのは、中世になってからであり、いわゆる科学が顔を出すのも中世である。なぜなら、社会が発展し、複雑化することがなければ、科学の研究の発展性はないからである」とあります。

このあたりは、以前なんとなく、そうなのか、と思いながら、読み流してしまっていました。しかしながら、このあたりはどういうことなのかをしっかり分からなければならないと思います。ここにある「社会が発展し、複雑化する」ということがどういうことなのか、その像が歴史性・弁証法性レベルで描けなければなりません。まだあまりよく分かっていないのですが、ともかく以下のように考えてみました。

古代ギリシャ崩壊後のローマ帝国の形成、そして帝国の拡大化、そうしてそれがやがて衰え崩れていって、それに代わってのゲルマン諸国家の形成、その中で、そのそれぞれの地を統治する領主と、それら全体を統括しようとするローマ教皇との権力闘争、統治の構造が、それまでのようなローマ教皇とその属州（いわば奴隷）といった単純なものではなくなって、各地の領主が力をつけてくる中で、教皇支配と領主支配との二重構造になってくるような感じがあると思います。

ちょうど日本でいえば、平安後期から鎌倉にかけて、武家支配と、天皇の下での貴族支配との二重構造になっていくようにです。そういう変化の中で、国の在り方はいかにあるべきかを考える、社会の在り方、治め方はいかにあるべきかを考える、端的には「教会は領主をいかにすれば従えられるか」であり、また「領主はいかにあるべきか、教会から自立するにはどうしたらよいのか」を考えられるような、そういう認識が育ってくるということでしょうか。

この、治め方（統治形態）はどうするかということについては、古代とは相当に中身が変わりに変わってくるのだと思います。古代においては、トップ以外、下は皆奴隷（はっきりいって人間ではなく、物いう道具でしかない）なので、それは黙って従わせればよかった。でも中世になると、統括者らが群雄割拠状態になってくるので、それらをなんとかまとめて統括しなければならなくなってくる、そういう大変化が起こってくるのであろうと思います。そうなると否応なしに、それらの民心を従わせるような術《すべ》を、社会体制を考えなければならなくなってくるのであろうと思います。そしてかなりの混乱を経ながらも、教会をトップに据えての、それに従う人々を位置づけていこうとする、そのために教義も体系的に整えていくような流れに必然的になっていく、そのようなことなのでしょうか。

そういう段階を経ていっての、「精神の弁証法」が出現してくる、カント、ヘーゲルの時期にいたるということでしょうか。中世の頃はまだ、己（ヘーゲルで言えば絶対精神）の認識そのものにはまだ目が向いていないというか、中世の頃は、社会をどう治めていくのかという、社会の在り方そのものに目が向いていて、そこまでで手一杯ということ、でもその中で、認識がしだいに体系性を帯びることになっていく、それは人類の発展において大事な時期であり、そこを経た上でのようやくヘーゲルが出てくる基盤ができてきたということでしょうか。

第三章　本書『ヘーゲル哲学の道』の理解を深めるために

（1）学構築に向けて、弁証法をどのようなレベルで捉えるべきか

ここで、かつての私の『全集』第二巻に関わっての読者の感想の中で、これはすごいと思えるものを二つ三つ引用しておきたい。

もっともこれは『全集』第四巻に載せたものではあるが、本書の理解が深まるためには相当に役に立つ内容となっているだけに、あえてもの再引用である（当然ながら文体は改めてある）。

本章は『全集』第二巻『武道哲学入門Ⅰ　新・弁証法・認識論への道』に関わって、私がこの書で意図していることについての小論である。

というのは、私の弟子たちのほとんどが、この『新・弁証法・認識論への道』をただひたすらに「ああ、おもしろかった」というレベルで読み通すだけで、「この書の意図するところは一体なんなのか」をまともに捉えられていないことに気づかされた、からである。

そこで、これでは『全集』第二巻はただの「読みもの」になってしまうとの危惧を覚えて、執筆することにしたものである（この第三章は、『綜合看護』誌に連載した「なんごうつぐまさが説く看護学科・心理学科学生への〝夢〟講義」連載二十一回目の読者からの感想文をもとに構成したものであることを、初めにお断りしておく）。

(A)　哲学一般はヘーゲルとともに終結するということの学的意味

旧来からの私の熱心な読者の方々にも常識的なことではないかもしれないが、新しい読者の方々には、これはもう当然に意味不明の第二巻の題名であろうと思われるので、少しばかり説明するところから始める。「武道哲学」という名は当然に旧来からの読者の方々にも難解だろうと思う。特にこの『全集』の本文を以前に読まれた方々にはよけいに難解だと思う。

私は旧来の読者の方々は旧著である『武道の理論』の「本文」内で、哲学を折にふれて無用のモノレベルで説いているのを承知されていると思う。著書のあちらこちらで述べているように、私は唯物論の立場に立つ学問の研究者であり、かつその学問を弁証法を用いて説く、弁証法的に説く、弁証法レベルで説くことを常態としていた。

中学時代からカント・ヘーゲルとあこがれていたはずの人間がどうして哲学を学ばずに弁証法を学び、かつ学問を哲学レベルではなく、弁証法レベルで説くのか、と不思議に思われるはずである。解答は実に簡単である。これも著書のあちらこちらで説いているように、私は、学問としての弁証法は学問的使命を終えた哲学の代替わりである！　と信じきっていたからである。私は恩師三浦つとむの（私淑という勝手な）弟子であったので、三浦つとむの師匠であるフリードリッヒ・エンゲルスの説く、「哲学一般はヘーゲルにおいて終わる」との文言を、しっかりと信じていこうと思ったからである。これが「哲学を折にふれて無用のモノ」レベルで説いていた最大の理由である。

ここについては、もう少し詳しく説くことが必要であろう。かのフリードリッヒ・エンゲルスは、私たちが普通に『フォイエルバッハ論』と呼んでいるところの『ルートヴィッヒ・フォイエルバッハとドイツ古典哲学の終結』という書物の中で、次のように説いている。

さて、ひとたびわれわれが、あのように問題を課することは、ただ人類が全体としてその進みゆく発展において果たすことのできることを一個の哲学者に果たせよと課題することにほかならない、ということを洞察するやいなや、――そしてわれわれを助けてこの洞察を得させたものは、けっきょく、ヘーゲルその人にほかならなかったのであるが、――ただちにまた、われわれは在来の意味での哲学も、すべてその終末を告げるということを洞察する。

そこでひとは、このような道によってもまたいずれの個人にとっても到達しえないような「絶対的真理」などはほうっておいて、そのかわりに実証的諸科学の道により、またこれら諸科学の成果を弁証法的思惟で総括する道によって、ひとの到達しうる相対的な真理を狩り求める。

哲学一般は、ヘーゲルとともに終結する。というのは、一方では、かれが、哲学の全発展を、かれの体系のなかに、大じかけに総括しているからであり、他方では、かれが、たとえ無意識的にであるにもせよ、その体系のこのような迷宮から、世界の現実的で実証的な認識にいたる道をわれわれにさし示しているからである。」（『フォイエルバッハ論』前出）

おそらく、以上の文の内容をふまえてか、私の恩師三浦つとむは、次のように説くのである。

弁証法について説明するといわれると、哲学の話だなと思う人が多いのですが、この本でとりあげる弁証法は題名にもあるように科学です。

昔は科学がまだ発達していなかったので、机の前で頭をひねって考えだした、現実との対決で証明されていない原理原則が学問として通用していました。けれどもそれらの哲学は、つぎからつぎへと科学にとって代られて、現在ではもはや哲学の占める場所がなくなってしまいました。現在でも昔ふうの哲学を考えだそうとする学者は残っていますし、何とか哲学と名のる著書や講座も出ていますが、科学に志す人たちはそれらにあまり関心を持たなくなりました。理由は簡単で、それらを読んでもほとんど役に立たないことがわかったからです。

ですからわたしは哲学不要論の立場をとるわけですが、昔の哲学はナンセンスだったから、みんな破ってすててしまえなどと主張しているのではありません。反対に、哲学の中にも貴重なものが獲得されているから、それらは科学としてすくいとって生かしていくべきだと主張しているのです。

唯物論も弁証法も昔は哲学でした。しかし十九世紀になると、唯物論は科学的な世界観として科学の一部になり、弁証法は運動に関する一般的な法則を扱う科学につくりかえられました。哲学の遺産が科学として生かされ、哲学者ではなく科学者が弁証法を研究して自分の仕事に役立てることになりました。わたしも自分の社会科学の研究にこの弁証法を使ってみて、それがどんなにすばらしい武器であるかを実感することができました。これまでの学者が越えられなかった理論の壁を、弁証法を使って簡単に打ち破り、学問的に未知の分野に深く切りこんでいくことができたからこそ、多くの人たちにこのすばらしい武器のことを知ってもらいたい、これを使って成果をあげてほしい……。（『弁証法はどういう科学か』前出）

(B) 弁証法は哲学の生まれ変わりと信じて出立した私

さて、読者の方々は、以上のフリードリッヒ・エンゲルスと恩師三浦つとむの二つの文章を読まれた感想はいかがであろうか。「そんなことより、あなたはどうでしたか、その感想とやらを聞かせてほしいものです」と、反論されそうである。

現在の私が感想を述べるとなると、二十代だった当時の私の感想・感覚とは、大きく異なる。

それで現在の私のはさておいて、当時の（年齢的にも精神的にも）若かった頃の感想・感覚なるものは、以下のようなものであった。すなわち、モロモロの思想的な感覚を動員して、次のように信じることになったのである。

「哲学はヘーゲルで終わるとはいうものの、哲学とは学問という体系性の代名詞なのであるから、哲学の代わりは絶対に必要だ。その哲学の代わりを担うことができるのが、学問としての弁証法なのだ」と、しっかりと信じきっていったことであった。

「学問としての弁証法であるこの唯物論的弁証法・科学的弁証法は、すべての個別科学という個別科学を学問一般レベルで統括する哲学の代わりなのだから、そして哲学は政治学、経済学、文学、物理学、化学、生物学、地学、医学、看護学、生理学、解剖学、農学、宇宙学といったすべての諸学問の上に立ってそびえる学問の王者であったのだから、当然に弁証法もそういった個別科学という個別科学の上にそびえ立つ哲学の代わりの大学問であるはずだ。

　したがって弁証法を学ぶということは、あらゆる個別科学という個別科学をしっかりと学ぶことによって、ようやく弁証法を学問的に学んでいけるのだ」とこれまた、深く深く信じきっての学問への道への出立だったのである。

　そしてそれらの個別科学という個別科学が、『弁証法はどういう科学か』の内容にどのように収斂していくのか、収斂されているのかを、大真面目に何十年にもわたって研鑽してきたことであった。結果、読者の方々が承知されているように、本書の重層弁証法として花開くところまできたのである。

ここまできて分かったことは、三浦つとむ、フリードリッヒ・エンゲルスの「学問としての哲学終わり論、哲学不要論」は、学問としての一般性を持つものではなく、近代のそれもとくにヘーゲル以後の哲学者の手になる、彼らが哲学であると勝手に称する似非《エセ》哲学レベルである「現代哲学」のことだ！　ということがはっきりしたのである。

「それならば、⑴真の哲学とはなんだったのか、⑵そして哲学の代わりの諸学問の上にそびえ立つ学問としての弁証法は、ではどういうものなのか」との大きな疑問が読者の方々の大半にあるはずである。まず⑴の真の哲学については、『全集』第一巻『武道の哲学』の「読者への挨拶〔Ⅰ〕」の中で易しく説いておいたので、そこを参照していただきたい。

⑵の弁証法についての説明を簡単にすると、以下のようになる。

これは『全集』第二巻にしっかりと説いておいたように、哲学が諸学問の上にしっかりと立っている王者であるのだ、とするならば、その諸学問を束ねる役割が学問としての弁証法の役目であり、束ねたものを体系化するのも学問としての弁証法の役割であり、かつ、その束ねて体系化したものを本質まで高めて、学問としての哲学を構築する役割もこれまた学問としての弁証法の役割、すなわち弁証法としての真の実力なのだ、ということである。

そしてこれは蛇足ながら、学問の王者としての哲学の構造論を構成することになる諸学問のそれぞれを構成している個別科学である医学や物理学や生物学や国家学や、経済学やらの学問もこれまた哲学の形成の場合と同じように、これらが個別科学として同じく学問レベルで構成されるためには、学問レベルの弁証法の実力が必須なのであり、と同時に学問としての弁証法の役割なのである！　すなわち、学問レベルの弁証法の実力を把持することなしには、到底専門分野の学問化はできない、不可能であるということだったのである。

ここの意味をしっかりと読みとった読者の中には、「では、どうしてフリードリッヒ・エンゲルスや三浦つとむは、そのように考えることがなかったのだろうか」との疑問を持つ方々が多数あると思う。

このことについては、フリードリッヒ・エンゲルスはおよそ以下のように考えていたのである。

もしも吾々が、世界図式論を頭脳からではなく、ただ頭脳を媒介として、現実の世界から導きだし、存在の原則を現に存在するものから導きだすとすれば、吾々に必要なのは、哲学ではなくて、世界と世界での出来事に関する実証的な知識である。そしてそこからでてくるものは、やはり哲学ではなくて、実証的な科学である。……

もしも哲学そのものはもはやまったく必要ないとすれば、哲学の体系は、自然的な哲学体系さえも、もはやまったく必要でなくなる。自然事象の全体が一つの体系的な連関をなしている、という洞察は科学をかりたてて、この体系的な連関を、個別的にも全体的にも、いたるところで証明させようとする。……

けれども、この連関のぴったりしたのこるくまない科学的な叙述、すなわち吾々の住む世界体系の正確な思想的模写を創りだすことは、吾々の時代においても、またいついかなる時代においても、到底不可能なことである。かりに人類の発展のある時期に、物理的・精神的および歴史的な世界の諸連関の最後的に完結したこのような体系ができあがるとしたら、それによって人間の認識の王国は完結してしまい、そして社会がこの体系に一致して組織される瞬間から、将来の歴史的進展はたちきられることになるだろうに、――だがこんなことはばかげたことであり、まったくの背理である。

こうして人間は、一方では世界体系の総体的連関をのこるくまなく認識しようとするが、他方では、彼ら自身の性質上並びに世界体系の性質上、この課題を完全には解決できない、という矛盾につきあたる。しかしこの矛盾は、世界と人類という二要素の性質のうちにあるばかりではない。それは一切の知的進歩の主要なてこである。そして日々不断に人類の無限の進歩的発展のうちで解決されつつある。

（『反デューリング論』前出）

ここに関しては恩師三浦つとむも「同様の見解である」と、いいきってよいであろう。なぜかというと、恩師三浦つとむは若い頃の私と同様の精神レベルだったのであるから。

それはどういうことかというと、若き日の私の精神が恩師三浦つとむのすべての論、すべての説を素直に（どんなに異論があっても）受けいれていく状態、いわば、赤ちゃんがお母さんのすべてを受けいれるような精神状態だったのと同様に、恩師三浦つとむは学問的一生を終える最後の最後まで、フリードリッヒ・エンゲルスのすべてを受けいれていたのであるから、である。

では「彼ら二人は、どうしてそうなったのだろう？」と深い疑問に囚われる人々もいるはずである。これにもきっぱりと答えておく必要がある。

ここらが、三浦つとむやフリードリッヒ・エンゲルスたちのように独学によって学問的研鑽を成した（すなわち、大学で一般教養を学ぶことのなかったというより、自分たちの能力の偉大さに負けて、それらの学びの必要性を認めることのなかった）人々の一大欠陥ともいうべきことなのである。ここに関しては、すなわち、自分たちの能力の偉大さを信じきっていた人々の欠陥がどのようなことになるのかについては、『全集』第二巻の一般教養の必要性について、しっかりと説いたところを参照してほしいものである。

それだけに、アリストテレスやヘーゲルが形成しようとしていた学問体系なるものは、彼らの自力、独力（これは本当である）で養成できていった弁証法の実力の賜物である、という以前に、すべての諸学問をしっかりと自分の実力にする場（学問的研鑽の場）を持つことができた（それも何十年もの間にわたって）ことがあってこそ、弁証法が役に立ったのだ、と分かる必要がある。

以上のような内容で、『全集』第四巻「武道の理論」中の哲学という文字は、現代哲学（似非哲学）と読みなおしながら読みこんでいただきたいと思う。

（2）弁証法の中身について、学問レベルでは人類史上誰も説けていない

さて、『全集』第二巻「まえがき」で説いたように、第二巻『新・弁証法・認識論への道』は、たしかに弁証法の入門書であり、また弁証法を卒業するための過程書でもある。すなわち、「本書は『弁証法はどういう科学か』がきちんと読めるための入門書でもあり、この基本書をまともに卒業できるための中級ないし上級の書でもある」からである。

だが、本書の内容は単にそれだけではなく、「第二章　Ⅰはじめに」に説いたように、学問史上、初めて「弁証法とは何物なのか」を歴史をふまえて説いた（説明できた）書でもあるのである。

というのは、読者の方々の大半は当然のこと、けっして読者でない大多数の方々の中でも、自分たちが学んだとする弁証法に関して様々な疑問が湧きでているはずである。

そしてそこから弁証法の有意義性に大きな疑問を持って離れていった方々がかなりあると思う。また、弁証法の有意義性を信じながらも、学問的にはほとんど弁証法を使うことができず、日常性の中で弁証法を発見できたことで満足してしまった方々も数多くいたはずなのである。

私の尊敬した先生方や先達の方々の中にも何人か存在されていた。でも若い頃の私にはそれが「どうしてなのか」が長い期間少しも分からなかった。でも、その謎が解ける日が遂にやってき

たのである。その回答の具体性が『全集』第二巻にしっかりと説いてある。

それだけに、『全集』第三巻たる『ヘーゲル哲学・論理学』は内容を大きく書きなおす必要性に迫られることになってしまい、このこともまた刊行を後回しにすることになった理由である。

そこを簡単に説いておくと、すべての哲学書という哲学書、すべての哲学史という哲学史には、たしかに賛成するにしても反対するにしても、「弁証法」という文字がいたるところに出てきている。しかし、「弁証法とは何か＝弁証法とはそも何物なのか」については、ほとんどの著作は沈黙したままなのである。これは、弁証法の大義を初めて説いたプラトンもそうであるし、カントやヘーゲルですら説明は何一つ成してはいないのであるから。当然に弁証法を毛嫌いしたデカルトにいたっては、ただ、「役立たず！」とののしっているだけなのである。

もっとも、弁証法を科学として再生させたとする（される）エンゲルスや、その弟子である恩師三浦つとむなどは、僅かに弁証法とは、を説くには説いている。でも理論的にも具体的にも学問レベルでは何も説いてはいない！　のである。

それだけに、これらの人々はその後の発展は持てず、結果として学問的には、ほとんど役に立たなかったというべきであろう。詳しくは「本文」を参照していただきたい。

したがって、そこをふまえて、すなわち、弁証法の真の学問的・歴史的な発展の具体的な姿形をふまえて、哲学とは何か、哲学の歴史とはなんだったのかを説く必要に迫られたことである。

このことが『全集』第三巻の刊行が大きく遅れる理由だったのである。これら以上のことをふまえて、第二巻はしっかりと読んでいただけたらと思っている。

とはいっても、本書はとても大冊すなわち、頁数が多いので読者の方々にとっては読むだけでも大変な時間と労力を要求されるはずであるから、内容の具体性など、特に、どんな大切なことが、どんなふうに説かれているかなどを含めて、読者の方々には、なんのことだか、さっぱり分からない方々が大勢いると思う。

(3)『全集』第二巻の「読者からの感想」

そこで、今回は少し趣を変えて、熱心な読者の方々がこの『全集』第二巻（ここの『全集』第二巻は『ヘーゲル哲学の道』と読みかえてほしい。以下同じ）を少しでも易しく読めるようにとの工夫をした。それが、本稿の『全集』第二巻に関わっての内容である「読者からの感想」である。『全集』第二巻を読んでの感想はいろいろいただいたが、以下に収めた三通の読者からの「感想」が、著者である私の心に特に響いてきたのである。

それで、これらの「感想」を私一人の胸の内にしまっておくには、あまりにも惜しい、ぜひに「〝夢〟講義」の読者にも、そして『全集』第二巻の読者にも読んでみてほしい、そしてそこから、『全集』第二巻の内容の展開をまず分かってもらって、さらにはそれらの意義をも分かってもらいたい、そして終局的には『全集』第二巻の本当の内容と意義を理解してもらいたいもの！　という思いでのここへの収録なのである。

なお、「読者からの感想」はそのレベルの一般性をふまえての順序になっている。「読者からの感想」Ⅰは初心レベルのアバウトな感想であり、「読者からの感想」Ⅱは論理的なレベルで順序立てた感想と論理性が高くなっているものであり、「読者からの感想」Ⅲは学的レベルをふまえた体系性を持った感想である、という以上に一つの小論というべきもの、となっている。

そこをしっかりと分かっていただいて、『『全集』第二巻とはそんな書物だったのか、そして本『ヘーゲル哲学の道』もそうなのか」との思いを深められるよう念願している。

(A)「読者からの感想」Ⅰ

(1)

「『新・弁証法・認識論への道』は武道と弁証法と認識論を通した学問への道であり、裏面、哲学史である」とまず述べておきます。

第二巻、誠にありがたく読み通しました。まず全体について、と思うと書きにくいのですが、第一部も（文章が新しく詳しく）、すでに何年か前に学生の頃に何度も何度も読んだことのある『武道講義入門・弁証法・認識論への道』と同じ内容のものとはとうてい思えず、今さらに「なるほど！　そういうことか」と度々に分からせてくれる内容に深めてありましたが、それにしても第二部は、もっともっと凄いです。凄まじいです。目次からして、もの凄い、の一語です。(ここで)「目次の流れ、こうなっていて(凄いです)」と書いていっては、少々小賢しい文章になっているようで、我ながらとまどっていますが、しかしそれを押しても、一言どうしても書きたくなってしまいます。

(2)

第一章「弁証法の学びは学問の土台である」が何より、一般論であり、根本。学問には必ず弁証法が必要なのに、(現代の)学者・大秀才はその弁証法が絶対に学べない。その理由はこうこうである。……そうして、「弁証法の学びは学問の土台である」の事実を、第二章で見ていく。ギリシャ(プラトン＋アリストテレス)もゲルマン(カント＋ヘーゲル)も、とくにとくに、弁証法を大切に学んだのであり、そこでのみ、学問化が果たされた。

そのように、学問のための「絶対」の、弁証法を、我々が学べるためには、弁証法とは何かをしっかりと摑んで学べるためには、現在の世に存在するどんな書物であろうと、決定的に欠落しているものがある。なぜならば、弁証法とはどういうものかを摑むための肝腎のものが抜けている・肝腎の背骨、というか、母体、(生命にとっての)地球そのもの、が、欠けていて、摑めない。それが、認識・認識論である。

そうして、第三章で、認識論が説かれる。「認識論が説かれる」というよりも、哲学の流れ(その中での認識論の〈乏しい〉発展)を描きながら、それを、「仕上げて」見せてくださってい

して……。

る。「完成」させて、「認識学」の姿（とその使い方）をバーッと広げて見せてくれている。

そうして、圧巻の、第四章です。圧巻は、とくにその第三説（Ⅳ）ですが、それはさておきまして……。

（３）

（前の）第三章、要となるのは「……人類の学問的・文化的な認識の発展が、どのようにして弁証（の方）法の創出へとなっていったのか、です」の文章です。

もっと説くならば、ここにピターッと、第二章にあるディーツゲンの「もし我々がこの思惟活動を科学的な基礎の上に築き、そのための理論を見出すことができたならば……」の引用文が効いている。

もっと、完成レベルでいえば、「そもそも対象は絶対的客観的にかつ体系的に実在しているのであるから、対象を学問化するということは、…（中略）…対象を学問的なものとして、すなわち認識における理論的な体系性として把握しなおすことである」が、効いている。

だから、の、第三章、第四章。学問というのは現実の王国に対する影の王国なのだから、つまり認識内の王国、認識の王国なのだから、それが、人類史（哲学史）を経て、「学問」へと成った、その道程が弁証法なのだから、「弁証法とは」は骨の髄まで、認識的なのだから（つまり「弁証法とは」にしても「学問とは」にしても「哲学とは」にしても、いずれも、分かるためには「認識とは」が問われる）。

だから、これまで人類史上、観念論哲学者も唯物論哲学者も誰もが明らかにできなかった「認識とは」(「たったこれだけ」!)を、全的に示された上で、そのまともな母体をふまえて、「弁証法とは」を、弁証法の歴史的生々発展(→完成)を、第四章で説き明かしてくれている。

暴言であることを承知でいえば、つまり「学問」というのは「結果」なのであり、それへの道程が弁証法であり、それもこれも全部認識、認識とは、が、母体。

(4)

そうして、第四章です。これを読ませてもらって、「……これって、哲学史……、これが本当の哲学史じゃないか……」と思った。これまた小賢しく説けば、あなたはこうして、本来あるべき本物の、弁証法の歴史(『弁証法はどういう科学か』第二章など、全く問題にならない)を説かれ、(他の章の内容も含めて)ソクラテスの「おまえ、こんなことも知らないのか」の優秀な反問レベルから、そのレベルの一般化、そして討論へ……哲学的問答法……社会の移り変わりと、認識の移り変わり、そのなかでの哲学的問答法の推移……ギリシャの「弁証法が哲学へと昇華した論理」に学んだカント・ヘーゲル。

カントの「二律背反」と「物自体論」。ヘーゲルの「絶対精神の自己運動」。エンゲルスの、まず二つの法則……三法則、改めてヘーゲルの「絶対精神の自己運動」を見ての「弁証法とは自然・人間社会・思惟の一般的運動」……。

（5）

そうして、の、第三説（Ⅳ）です。人名こそ、記していませんが、まさしく、ゼノン、ソクラテス、プラトン、アリストテレス、カント、ヘーゲル、エンゲルス、ときた流れを、あなたは完成された。

この（Ⅳ）項に入っての「ここで弁証法とは、世界（宇宙＝森羅万象）に関わる変化・発展・衰退を一般的に捉えるものとして成立した学問のことをいいます……」、この瞬間から、なんと、格調高くなることか、なんと、プライドというか意気の高まりを感じさせることか、です。

「これにたいして、弁証法の三法則とは、この一般的な運動＝一般的な変化＝一般的な発展＝一般的な衰退は現象面で捉えたレベルであるものを、もっと深く、構造に立ち入って、どんな変化の過程＝構造なのか、どんな発展の過程＝構造なのか、どんな衰退の過程＝構造なのか、を法則レベルで捉え返すことをいう！　のです」。

そしてそれ以上に凄いのは、その、哲学の歴史の、肝腎のエッセンスである「弁証法」「認識論（学）」を、「完成」して見せて、飾っている！　ことです。

(B)「読者からの感想」II

(1)

〈『全集』第二巻の哲学史における意義〉

昨日から今日までで、ようやく『全集』第二巻を通読しました。二回を終えた時に、私の初回通読した時の感想とは大きく異なる感想を持つことになりました。

初回の感想は、一言でいえば、史上初の弁証法の理論書であり、第一部が弁証法の上達論を説かれたもの、第二部が弁証法の謎を哲学史の流れとともに解明されたもの、というものでした。

しかし二回目の通読の後は、以下のように変わりました。すなわちこの書は、二十一世紀に弁証法を学問レベルで復活させるための弁証法の理論書であるだけではない、哲学史をその必須の要点を定めながら骨子を素描された哲学史そのものであるとともに、認識論の三大柱を全面的に展開されて認識学を素描された認識学の書でもあるというものです。

一言では「学問的な人類の認識の発展史の骨子を説かれたのだ」と思います。しかしながら哲学史ということについては、ヘーゲルの哲学史のように時系列で詳細な哲学者とその学説のつながりとして説かれていないと思う人もいると思います。

しかし本当の哲学史はそういうものではないと思うのです。

哲学はヘーゲル自身の言う通り、ギリシャとドイツが中核になるのであり、ここに収斂させまた流れだすのが本当の哲学史のはずなのです。そこを本書ではギリシャ哲学とドイツ哲学の意味するところの急所を流れとして的確に捉えられているのだと思います。むろんここは当然に『全集』第三巻である『ヘーゲル哲学・論理学』の完成を待つことになるのだとは思いますが。

「カントがやったことはゼノンがやったこと以上ではない、とはいかなることか」、「二律背反とは何か」、「物自体とは何か」、「アリストテレスとどう関わるのか」、「またそれはヘーゲルの絶対精神の自己運動とどういう関係にあるのか」、等々の構造論が説かれるのではないか、とわくわくしながら待っています（もちろん本書でもヒントはすでに随所に説かれていますが）。

もう一つ付け加えれば、哲学史を説く目的ということです。

ヘーゲルにとっての哲学史とは、絶対精神の学問レベルの自己運動の証明です（逆にそれが絶対精神の存在の証左にもなるのでしょう）。それがたしかにギリシャからドイツまで、そして自分までやってきて円環を閉じることを証明することが目的だと思います。ここでは時代、時代にたしかに絶対精神は存在したとして、その時代時代に隆盛を誇った哲学者を連続性を持って取りあげる必要があったかもしれません。

我々学問を志す者にとっての哲学史の意味は、学問の究明と確立のために何が必要なのか、歴史に問うこと、それを身につける術《すべ》を知ることだと思います。それは、一言では、世界全体の究明・把握、学問としての弁証法、学問としての認識論の把握のためのほかにないと思います。

したがって、唯物論における哲学史の骨子はここになければならないのだと思います。

（2）

次に本書は、認識学の体系書であるということです。

これは第一部があるからこそなのだと思います。この第一部はたしかに弁証法の上達過程なのでしょうが、直接に、認識論の二番目と三番目の柱の縦横無尽の適用によるものだと思えます。

一流の人生を志すために、弁証法を身につけるためにという観点で、人間の一般的な認識の発展過程・人間いかに生かすべきかから、いわゆる受験秀才という社会的個人の認識の歪みを、一流の人生を歩み難いゆえんを、そしてその辛うじての復活の可能性を、とくに人間の一生を決定づける思春期・青年期の認識・実体の構造に的を絞って説かれたものとの思いが、しきりです。

認識論というわりには、空手とか脳(細胞) とか述べられているがという読者もいるとは思いますが、認識は、実体を媒介にしなければ本当は解けないもののはずなのです。これが学問としての認識論の正しい説かれ方なのだと思います。

しかも第一部は弁証法的な展開としてみれば、必然性としてあふれあふれて来るような説かれ方であることはいうまでもないのですが、それだけではありません。現象（論）レベル、認識論の三番目の柱、二番目の柱という、それぞれ論理としては次元の違うものを、上から下へ、下から上へとドライブがかかった勢いで回転しながら躍動させておられるのです。これも弁証法的な説かれ方の形なのだろうと思います。

そして第二部では認識論の第一の部門である人類の認識の発展の論理構造が、初めて唯物論の立場で説かれたのだと思います（私自身は、認識論は、弁証法が分からないのに分かるはずがない、分かってはいけないという思いと、人の心を読むのは得意ではないということから、むしろ避けなければならないものという先入見が今まであありましたが、それも今はあっさり捨てたいと思います）。

さてやはり問題は第二部なのです。目次を見るとたしかに一気呵成の流れのように見えるのですが、改めて読みなおすと、私の頭ではすんなりとは分からないことが出てくるのです。

難しかったのは、弁証法と認識論の関係です。弁証法が学問に必須というのは今まで度々説かれてきたことなのでよく分かる気がします。しかしその弁証法の学びに認識論が必須というのはそう簡単ではないように思います。たしかに対象の究明は人間の認識がなすものだから、そして人類の発展は認識の発展だから、認識論が必要だといえると思いますが、これで答になるのか相当の迷いがあります。

その答がこの書に書いてあるはずなのですが、実は今までの私の頭ではすぐには読みとれませんでした（ここが私の古いところです）。

（3）

ここで大事なのは学問としての弁証法ということだろうと思います。あなたが到達された学問としての弁証法は、否定の否定で認識論を媒介に獲得されたのです（おそらく「生命の歴史」も媒介にされている）。あなたが初めに三浦つとむに学んで獲得された弁証法は、現在のあなたからすればまだ素朴なものだったのだという思いが、しきりです。少なくとも学問としての弁証法は、その人類の歴史性、とくにギリシャからドイツへの流れ、そして日本への流れがあって初めて生まれ出《イ》でたものなのだというべきでしょう。

その認識の発展そのものが分からなければ、少なくとも認識論の第一分野の把握がなければ、弁証法とはなんなのか、そしてそれはいかなる体系を持つのか、には到達できなかったという、あなたの到達点であり、また感慨そのものなのではないだろうかと思います。その証明が第四章なのです。

そう思うと、私にとって驚くべきことが書かれてあることに気づきました。弁証法で説く「精神」とは、個人の認識ではなく、「英知のすべての集大成の昇華」であり、ある時代の文化レベルが最底ということです。

エッ？　個人の認識は含まれないのか？　ではエンゲルスのいった「弁証法とは自然・人間社会・思惟の一般的運動」の中の「思惟」とはなんだ？　個人の認識ではないのか？　と思うや否や、「ここでの思惟というのは、エンゲルスがヘーゲルの精神（絶対精神の過程的構造を成すものとしての、絶対理念・絶対概念の唯物論的概念としての思惟）のことを唯物論レベルの言葉で単純にいいかえただけのことですから」とさらりと説かれていることに気づきました。

この精神はたしかにあなたが「〝夢〟講義」にも説かれていたことを思いだしましたが、当時は私はやはり古い頭で考えていて、その意義を少しも分かっていませんでした。

今にして思えば、弁証法でいう「精神」をそのまま個人の認識に持ってきてしまったことが、マルクス主義者が認識論と弁証法の区別がつかなかった理由の根元にもなっているような気がしてなりません。ここが弁証法と認識論の対象における大きな違いになるように思います。これはあなた、すなわち南郷継正の史上初のご指摘ではないでしょうか。

（4）

第二部は、あまりに奥深く、むろん私の論じるところではありません。読めど尽きせぬ書です。ただ私自身の内なる驚くべきイメージとしては以下です。

それは、どうも弁証法や認識論は独立してあるというよりは、しっかり存在するものとしては人類の認識の発展（その頂点が学問的な発展）であり、その学問的な発展の絶対必要不可欠な一面というか一分野が、あるいは二大潮流とでもいうものが、弁証法と認識論なのではないかというようなことです。ですから人類の認識の学的な発展史は、直接に学問として構成されるべき認識の弁証法の発展史であり、かつそれは、同時に直接に学的な認識論への発展史であり、このことはまた、弁証法の発展史は直接に認識論の発展史でもあるようなイメージです。

歴史上の哲学者たちは、そのものがなんであるかも確定できず、というか、それが独立的に存在する「何か」であるということすら、明確に認識できなかったと思います。

例えばカント、ヘーゲルは、弁証法という凄い術があるようだということは、知っていたでしょう。それはプラトンのあの言葉、すなわち「弁証法はすべての学問の冠石だ」を読んだからにほかならないと想像しています。

しかし彼らですら、それが一体なんなのか、どういうことなのかは分かっていなかったはずでしょう。ましてや、認識論などという言葉は観念論の立場からすれば、とくに学問的レベルではそれほどの意味がヘーゲル以外にはあろうはずはなく、マルクス・エンゲルス以降に初めてでてきた唯物論レベルでの脳(細胞)に関わっての概念であり、三浦つとむが反映と問いかけを具体として説いたのが最上のレベルでしかないものです。ただ、ヘーゲルに関しては、観念論としては満点に近い認識論を構築したのであり、カントの人間の認識が対象に性質を与えるという「物自体論」などは認識論そのものとして読んでいいものかどうかという気がします。

むしろカントやヘーゲルまでは、世界の学的究明と直接的に弁証法を、また論としてではなく、直接的に認識そのものを学びとっていたのでしょう。しかも自然成長的にです。当然にその理論的な区別もつきかねていたところを、あなたが見事に定義し、しっかり区別することをやってのけられたのではないかという気がしています。

それがあればこそ、これからは弁証法と認識論はいわば独立的なものとして学べる歴史的段階に入ることができるのだといってよいのではと思います。また、これは、過程の複合体の流れの中核の一つ一つを丹念に理論的に取りだして、その流れだけを、そしてその流れと他の流れの関係を、そしてそれがやはり直接性として融合されている姿をあなたが理論的に説かれた、それがあえていうと第二部の弁証法的展開の形です。

しかもそれどころか、あろうことか、それぞれを学問としての体系化を果たされながら完成されてしまった！　のです。

学問の発展に必須のものが、弁証法と認識論であるということ、宇宙とは、世界とはこういうものだったのかと、世界の深遠を少々覗かせていただいたというか、宇宙の神秘を感じさせていただいたというか、小南吉彦現代社社主の言葉を借りれば（先を越されて残念ですが）、全く本『全集』第二巻は「南郷哲学」の宣言書となりうる書だといってよいものです。

しかしそれにしても考えれば考えるほど、読みこめば読みこむほど、本書は、ほとんど今の私には理解し難い、何か凄まじく素晴らしいものが聳え立っているような中身を秘めているのではないか、何か大事な内容を読みとれていないのではないかという不安を感じるこの頃なのです。

（C）「読者からの感想」Ⅲ

（1）

南郷継正様

私は先生の著作、特に『武道と認識の理論Ⅰ』からの読者です。初めてお便りをさしあげる失礼をお許しください。といいますのは、今回発刊された『南郷継正　武道哲学　著作・講義全集』の第二巻には、特に特に感動したからです。とはいいましても、第一巻がたいしたことがなかったなどという失礼な意味ではありません。それ以上の感動が私の心をゆさぶりつづけているからです。それだけに、本書の発刊、まことにありがとうございました。

本日一気に読ませていただきました。読みだしたら止まらず、夢中になって最後までいってしまった……そんな状態で、今読了いたしました。まだ素読のレベルですが、感動の渦巻く中で、一言だけでも感想を書かせていただこうと思います。

まず第一に思いましたのは、先生自らが刊行される『全集』というものの凄さです。

これまでの著作も（今回は『弁証法・認識論への道』でしたが）、全集の中に収められると、まるで違った〔命〕を持ったかのように感じられました。

これはもちろん大きく加筆されたこともあるのでしょうが、それ以上に、『全集』という、先生の創出された学問体系にピタリと位置づけられたからだと思います。

これまで歴史上の学者で、『全集』として著作が残っている人々はいないわけではありません。たしかに『アリストテレス全集』『カント全集』『ヘーゲル全集』などを、私たちは手にすることができます。しかし大事なことは、それらは、けっして彼ら自身によって刊行された『全集』ではないということです。

「はたして内容そのものが本人の著述なのかどうか」、遠い歴史のかなたで真偽のほども定かではない『アリストテレス全集』はもちろんのこと、『ヘーゲル全集』さえも、大半はヘーゲルの死後、弟子たちの手によって、ようやくにして刊行されたものであり、しかもその内容の多くは、ヘーゲルが何年にもわたって行った講義の、弟子たちの手になる合体された記録です。

こうなりますと、その正確さに欠けることはもちろん大きな問題ですが、それに目をつぶったとしても、一番肝心なことは、彼らの『全集』というのは、それまでの論述及び論文を、ただ単に寄せ集めたものでしかない、それ以上のものではないということです。

ところが、南郷先生の『全集』は違います。

それらは先生自らが、これまでの著作のすべてを正面に据えられ、さらにそれを体系的に統括しなおされて刊行されるものであり、学問的には、新たな段階に突入されたものであるように思います。それをこの第二巻を読んで、ひしひしと感じました。

（２）

先生は「あとがき」で、この第二巻を『全集』の入門書と位置づけられました。

「あとがき」には、次のように書いてあります。

私の著作としては、初めて「講義」という形で本書ができあがりました。本論の中で述べたように、入門書とはいっても、本来は少し別の形で理論的に中身を説くつもりでした。

しかし、書きすすめていくうちにもっと大事なことを先に説いておかないと、私の『武道哲学』シリーズは読者の方からますます離れることになるなあとの思いが、しきりにしてきたのです。それは、『武道の理論』から『武道修行の道』までの著作はなんとか読めたのに、『全集』第一巻『武道哲学』の冒頭は、全く難しいとの評価が随分でてきたからです。

「難しくなったものなあ」というのが私の独白です。それにしても難解さが極まったようです。そこで私としては、せっかくの読者の方の苦労を少しでも軽くすべきではないのかとの真剣な思いを、しっかりと本書にこめたつもりです。

たしかにその通りでした。『全集』第一巻の「武道哲学総論Ｉ」の『全集』の読者への挨拶」は、冒頭から文字を読みとることすら難しく、まして、意味をしっかり理解できたのかどうかだけでも頭を抱《かか》えてしまったものでした。

とはいうものの、そこでめげてはならじ！　と繰り返し繰り返し読むうちに、ここでは、真の哲学とは何かを説いてくださり、さらに哲学の最高峰であるヘーゲルを読み解くにはどうしたらよいのかを示してくださっているということは、少しずつ分かってきたのですが、そのあまりにもの学問的な高みに、仰ぎ見ては途方にくれる思いがしたものでした。

ところが、今回の第二巻では、そのような我々読者の思いを汲みとってくださったのか、その高みへと、よじ登っていく道を、「入門書」として示してくださっていると思います。

それは先生が現実に歩かれた道を振り返られ、一流の人生を志しながら落伍寸前になっている人たちへ、どうしたら一流への道を歩けるのかを示してくださったものであると思います。

もちろん読者の一人としての私もそんな一人であったのであり、この書に説かれた内容は、私が先生に私淑して、勝手に弟子にしていただいてからの読者として読みとれた指導そのものであり、また学問を体系化すべく歩いていかなければならない道そのものであろうと思います。

（3）

その道とは、を私の学びとったレベルでいえば、それは脳(細胞)そのものを、すなわち、認識をではなくて実体としての脳(細胞)自体を運動形態においた上での弁証法の学びであり、第一部では主としてその前半部分を、第二部でその後半部分、すなわち弁証法を説かれたのだと思います。

第一部は、まさに「学者への道」として私自身には読めました。それは受験勉強により、まともな頭脳活動を育てることのなかった人間が、どうしたらその受験そのものの持つ性質から、応用の効かなくなっている頭脳を活動できるように再生するのかの方法が示され、まともに学問への道を歩くことができるのか、という、特殊な人間の認識の発展に的をしぼりながら、その問題を解く鍵は、あくまでも、「人間は一般的にいかなる認識の発展過程を持っているのか」の一般論であり、さらには「認識から捉え返した人類の認識としての発展の論理構造」でした。

だからこそ、個としての人間が歩かなければならない学者への道を示してくださると同時に、ソクラテス、プラトン、アリストテレスから、カント、ヘーゲルへといたった、人類の頭脳の発展としての学問の道も、それに重ねて、明解に照らしだしてくださったのだと思います。

この展開は、先生が構築された「認識論」の三本柱の凄さを垣間見る思いでした。

この認識論の三本柱について、先生は『武道と認識論の理論Ⅲ』（三一書房）の中で、かつて、次のように説かれました。


(認識論とは) 端的には、人間の頭脳活動たる認識を、歴史的・具体的に探究して、それらを論理化し、理論として学的に体系づける学問です。

これは大きく分けると三つの部門となります。

一つは、人間はどのように発展してきて現在の人間になったのかを、認識から捉え返した人類の認識としての発展過程の論理構造を説くこと。

二つは、人間は一般的にいかなる認識の発展過程を持っているか、かつ、いかなる発展を持たせるべきかの論理構造を説くこと。

三つは、人間の認識の一般的発展ではなく、個としての人間、社会的個人としての人間の認識の発展過程を説くこと。


ここを読んだ時、私は本当に驚きました。なぜなら、それまで私は、認識論というのは、個々人の認識、すなわち個々人の脳(細胞)に描かれる像を扱うものだとばかり思っていたからです。つまり大学で教わった心理学の学問形態レベルで考えていたからです。

ところが、先生のおっしゃる「認識論」はまるで違いました。もちろん個としての人間の認識をも取り扱いますが、それは三つ目の柱でしかなく、それが解明できるためには、一本目の柱っているか」が、しっかりと分かっていなければならないのです。

「人類の認識としての発展過程」と、二本目の柱「人間は一般的にいかなる認識の発展過程を持

（4）

なんと壮大な、また体系的な認識論なのか！　と、認識論のイメージが一気に学問的なレベルへと押しあげられたように思いました。さらに、これこそが弁証法的に説くということなのだなと感嘆いたしました。

そして、今回この『全集』第二巻の第一部を読みますと、脳(細胞)の働きが受験勉強で歪んでしまった人間が、どうしたらそれをまともな脳(細胞)の働きに再生することができるのかという、特殊な人間の認識の発展過程の問題の解明は、やはり、認識論の第一の柱と、第二の柱があって初めて可能なのだということを、しっかりと分からされた思いです。

そして、次は、変革した脳(細胞)で学ばなければならない学問に必須の弁証法へと流れるように進み、第二部「学問としての弁証法の復権」となります。これは本当に、圧巻でした。世界で初めて、弁証法を弁証法的に、すなわち歴史的に解かれたものであり、この「新・旧二つの弁証法」の実力をもってして、ようやく、学問の体系化が可能となることを先生は明らかにされたように思いました。学者を志す者は、この「学問としての弁証法の復権」を読み、理解し、自らの実力と化すまで実践しつづけるしかない、すなわちこれが学問の体系化への大道であると理解いたしましたが、この私の理解は間違っているでしょうか。

また、第二部を読みながら感じましたのは、「学問としての弁証法の復権」は、まさしく先生が構築された認識論の実力をもってして、初めて可能だったのではなかろうか、ということです。この第二部は、弁証法を説かれる背後には認識論が、認識論を説かれる背後には弁証法が、二大潮流となって蕩々と流れる有様が、目に浮かぶような展開に私には思われました。とくに「ギリシャ時代の弁証法の形成過程」は、先生の認識論の実力なしには、永遠に闇の中であったであろうと思います。

そして、その原基形態、すなわち「問答はしても討論にはなれない、討論はしても論争にはなれない」という、やがてはプラトンの説くことになっていく、なんとなく弁証法の形となっていくはずの原基形態の解明なしに、弁証法の歴史の解明は不可能だったわけであり、学問としての弁証法の構築に、認識論が必須であったことの証明でもあると思えるのです。

また「なぜデカルトは弁証法を捨て去ったのか」も、然りだと思います。デカルトが学んで用いた哲学的問答法の在り方、そしてそのことの意味は、先生の認識論の実力によって初めて解明され、弁証法の歴史に見事に位置づけられることになりました。

（5）

このように、『全集』第二巻は、『新・弁証法・認識論への道』との題名ですが、内容的には、まさに「新しい展開としての弁証法・認識論の道」をも含むように思われるものでした。すなわち、先生が歩かれた、弁証法・認識論の実力をつける道を示してくださったのみならず、先生が解明され構築された、学問としての弁証法・認識論を、その過程的構造とともに明らかにしてくださったのが、本書だと思います。そして、その学問としての弁証法・認識論の構築は、科学的に！　なされたのだと思います。先生が、さりげなく説かれるその一行一行の背後に、どれだけの実験、実践が行われていたのかを、直接的に指導を受けた身ではありませんが、先生のこれまでの著作の随所から想像することができます。

また、第二部にさらっと挿入された、「達人への道を示す『人間体と武道体』」の問題も、何十年にもわたる、先生の武道空手の流派での実験の賜であろうと確信できます。

このように、一行一行に秘められた、先生の研鑽過程の膨大な事実を、我々読者は想像するしかないのが、なんとも歯がゆい思いもしますが、せめて、これまでの著書以上に、本書に学び、本書を実践し、本書を生きたい！　と思います。

先生は、いよいよ『全集』第四巻及び『全集』第三巻で、科学としての弁証法の〝実体〟を浮上させ、「弁証の方法」と「科学としての弁証法」によって構築された、「哲学・論理学」という学問の最高峰を、示してくださるのだと期待しながら首を長くして待っています。

第二部　学問構築一般論

主題「学問構築過程に必要な新・旧二つの弁証法を説く」

――弁証法によって構築された「学一般」とは何か――

学問というものは、現実の世界の実体性を、歴史性（弁証法性）、体系性（論理学性）の構築をふまえて学の土台と化す過程と直接に、世界の実体性をそれらの歴史性、体系性をふまえての自然科学からまた社会科学へ、そして精神科学へと究明し、それらを一体化する「学一般」の構築を成し遂げ、そこをふまえることによって、（最後には国家論として完結する）世界の論理性を観念的実体として体系化することによって学の最高形態たる哲学（影の王国、すなわち、頭脳の中に全世界の実体を認識の一大体系性として収めきる学）として完成することにある。

南郷 継正

学問とは、「客観的絶対精神の自己的発展形態」である自然から社会へ、社会から精神へ、精神から絶対精神への生成発展を、自らの「主観的精神の自己運動の発展形態」として捉え返しながら、そこを「観念的（絶対精神的）＝学的世界」として体系化する、つまりそれを学一般として体系的に措定しながら、その構造を学的最高形態にまで高めた学問であり、すなわちそれは絶対精神を哲学として完成させることにある。

〔ヘーゲルが哲学を完成していたら書いたであろう概念規定〕

第一章　学の出立時におさえておくべきこと

(1) 世界は一体的全体から生成発展してきている重層的な過程の複合体である

『ヘーゲル哲学の道』で、最も説きつづけるべきは、感性的・感情的レベルで表現するならば「すべては一つに帰結し、一つは分かれて無限の展開となる」ということの実態的構造である。

古代ギリシャ時代、学問の祖ともいわれているパルメニデスとゼノンが、実際は偉大な政治家でありながら、大学者でもあったことである。

私はこの二大偉人が、「一は分かれて無限になる」、「無限は収斂《シュウレン》して一になる」ということを説いている、ということをかつて知った時、「たしかに素朴であり、洗練されてはいないものの、これこそ、学問体系の真髄である」と初めは思っただけなのであるが、やがてしだいに、これは論理のみの問題ではなく、まさしくこの宇宙の歴史的な事実がいわば一つの世界、いわゆるビッグバンから生成かつ生生発展してきたからこそ、感性的にも論理的にも一つのもの、全的な一体として捉えられるのであり、かつ、その上に学問的にも成立しうることになるのだ、すなわち全的な一体としての論理、一体としての概念に収斂できるし、だからこそ、学問的にはそれを全的な一体となるべく体系性として説くことが必要なのだ、ということに思いいたったのである。

それだけに『ヘーゲル哲学の道』では、宇宙の誕生から、太陽系の生成、そしてその中の一つの地球の誕生、地球からの月の誕生、そのことによっての地球上での生命現象の誕生、そして生命体への転化とその後の生命体のすさまじい発展、さらに、サルから人間にいたっての、社会の発展を、全的な一体としての世界から始まった大系的な生成発展として、説いていくことになる。

ここで思い起こしてほしいのは、『全集』第一巻の次の文章である。

以上を簡単にいえば、絶対精神は絶対精神から生まれ出て、大本の絶対精神に戻るのであるが、これを含めてのすべての過程が、「自己」のその時点での存在形態・運動形態でもあり、原点も途中も、戻ったものもすべて「自己」なのであり、「自己」の運動であり、自己としての絶対精神の運動なのである。

それゆえ「円」とは簡単にいえば、この過程が出発点からラセン状の円環を描きながら変転していって、ラセン的な円環上で元の出発点へ戻って完成することであるが、ヘーゲルはこれを要して、一言で「円」といっているのである。

ここで私が解き明かした、ヘーゲルが観念論から説く絶対精神の自己運動の運動形態そのものを、私の学問的立場で、すなわち学的唯物論の立場から説いているのが、この講義の内容である。

このように、宇宙の森羅万象が、すべてビッグバン（物理学者たちが説いているあのビッグバンではない！）という一体的世界からの生成発展であるからこそ、我々が専門とするいかなる分野の対象も、全的な一体としての全体から切り離されたものとして存在する（できる）はずはなく、したがって、一体的全体から切り離して捉えてよいものではない。

例えば物理と化学とか、政治と経済とかいうのは、人間が対象の現象的事実、事件を恣意的に、つまり恣意的な感性レベルの論理性で分けて取りだしてきたものであり、あくまで歴史的な事実は、ビッグバンとしての一体的全体から、生成発展している「重層的な過程の複合体」であるということが、この講義の内容なのである。

(2) 学一般としての哲学が必須であるゆえんとは

だからこそ、我々がそれぞれの専門分野を科学的に体系化したい、科学的な体系としたいとする場合、その一体的全体の生成発展を見てとることを無視しては不可能なのであり、必ず一体的全体となるための自然科学・社会科学・精神科学を総括しての一般科学、すなわち学問的体系性を持った学一般としての論理学の構築が必要なのであり、そこをふまえてこそ学としての哲学の成立があるのだ、と理解できなければならない。

例えば、医学においては、人間の病気を対象とするわけであるが、病気は病気として存在するはずはなく、病気の実体の内実は、人間の身体と精神の一体的実在そのものであり、人間はまさしく、ビッグバンとしての一体的世界から生成発展してきた、宇宙の歴史、生命の歴史そして社会の歴史の重層的複合体として捉えられるべきであり、そのことなしには、正しく全的な一体としての世界の構造を到底理解することはできない。

つまり、人間の生理構造を解明するには、例えば、脳(細胞)とは何か、肝(臓)とは何かを学問レベルで分かるには、まさしく一体的生命体として発展してきた諸々の生命体に関わっての生命の歴史、すなわち学的生命史観なしには不可能なのであり、さらにそれらをふまえて、病理論すなわち「病気の理論」を構築する過程では、この生命の歴史(生命史観)に重ねて、さらに人間の社会の歴史(ヘーゲルのいう世界歴史)を重ねての構想がどうしても必要なのである。

このように、個別科学を体系化するためには、その対象とする個別分野のみをどんなに探究してもこれは不可能なのであり、ビッグバンとしての一体的世界から生成発展してきた世界全体を一体性的実体として丸ごと捉え、そこから取りだした論理を体系化した論理学、及びそれを駆使の体系においた学問体系としての哲学が必須である、ということになる。

私が、これまでこの「日本弁証法論理学研究会」において、指導かつ教育してきたことは、まさにこのことだったのであり、学者を志す者、学問への道へ進みたい諸君にとって、『全集第三巻　ヘーゲル哲学・論理学』がどうしても必要となるゆえんでもある。

なぜかを端的には、冒頭の文言にあるように、この世界はすべてで一体的物体すなわち物そのものの存在として総括できるだけに、唯物論的にはこの世界は「物としての統一体」と捉えることができよう。まさしくこれは一体性的実体であり実在だからである。それだけに、物理の研究の場合、これを一体性的実体としてではなく、例えば光とか磁気とか重力とか圧力とか気圧だとかに分けて研究することになると、一体性的実体をバラして研究する！　ということになり、あげく光は波動だ、いや粒子だなどというなんとも馬鹿げた説を何百年にもわたって阿呆の論理で展開するハメになるだけ！　なのである。光などは一体性的実体としてのある物体の一つの性質、物の性質の一つだという簡単な原理すら分からなくなってくるのである。

だから、どのような分野であっても、全体は一体性的実体、すなわち物の全体像として総括できるだけに、その一つの物として総括した一体性的実体を統括しながら体系化するのが学問である、という修学の原点から現実を説くように訓練してほしい。そうでないと、すなわち、体系的に一体性的実体からすべてを説く実力が備わらないと逆立ちしても学問とはならないから……ということだからである。

そこで、『全集第三巻　ヘーゲル哲学・論理学』に関わる内容について、「読者への挨拶」で詳しく説いてはいるが、ここでも少し触れておこう。それは、私が『全集』第二巻で明らかにした、「新・旧二つの弁証法」が、学問の構築過程にいかに関わるのかであり、このことは学問構築を志す人々にとって、とても重要な内容だからである。

（3）学問レベルで論理の世界を説くことの困難さ

さて、二〇二〇年に発刊された『全集第三巻　ヘーゲル哲学・論理学』は、学問的には全くの未知の世界である。それは、私にとっても、歴史上のいかなる学者、例えばカントやヘーゲルなどにとってもそうだったのである。たしかに、武道の世界を説いた場合も、多くの人々にとっては未知の世界であるだけに、当然のことながら私にとっては大変困難な道であった。では一体、何が、どう難しかったのか、を問われるべきであろう。

「武道への道」は、事実レベルでは、誰もが直接間接に垣間見ることが可能な世界であった。私自身も、何十年も修練してきて、認識的、実体的に体験したことである。しかしこの事実レベルは誰もが体験しようと思えば可能ではあるのだが、それは人間としてのその人個人の実体が体験することであり、それ以外ではない。

難しいのは、その実体をもってしては絶対に分からない、武道としての修練中の認識、つまり修練している実体ではなく、実体を活動させているその人の認識の中の世界での出来事であり、それを学的な論理の世界の出来事と成すことが学問である。すなわち、武道・武術のここを学問というレベルに論理化することが大変であった。具体的には、武道、武術というものは、もともと存在することは確かでも、それはいわゆる剣術、柔術、拳法、合気術といった個別の術・技として、すなわち身体を駆使する技やその技の応用として存在しているだけであり、武道一般という論理の世界ならともかくも、武術一般という実技の世界そのものはない！　からである。

だから、誰かが綜合武術として存在しているぞと言葉では説くことができても、それは各武術としての実体技の単なる寄せ集めでしかないのであり、つまり、綜合されての一体的存在ではなく、束ねられている合体ではなく、混合体化的以上のものではなかったのである。

そういうものでしかなかったものを、武道一般として論理化することは、これは闇夜に鉄砲の類いであり、事実的にはなんとか言葉でごまかして説くことはできても、論理のレベルでは頭脳活動としての論理能力抜きには一行たりとて説けるものではなかった。つまり、歴史上誰もがどうしようもない問題であった。

同じように、これまで「自然科学」という言葉はあっても、「自然科学一般」として存在したものは歴史上存在しなかった。存在していたのは「物理学」とか「化学」とか「生物学」とか「地学」とか「天文学」などの個別分野の専門科目でしかない。

ヘーゲルもたしかに、「自然科学」を『エンチュクロペディー』の中の「自然哲学」で展開しようとしているが、まだ「自然科学一般」レベルの論理展開にはなっていない。つまり、彼の言語表現を用いれば自然哲学ということになろうが、我々の言葉でいう自然科学一般のレベルで、すなわち体系的論理性、一体的体系性で説きされていないのである。

これをエンゲルスが、『反デューリング論』とか『自然の弁証法』でなんとかしようと悪戦苦闘したのではあるが、結局そう成すことはできなかった。つまり、エンゲルスはここらの研鑽《ケンサン》をふまえて本当は「自然の弁証法」一般を、せめても説こうとしたのであるが、結局「弁証法の証明は自然にある」といったレベルで説こうとしているだけである。したがって、我々人類は、「自然哲学」もさることながら、「自然科学」の全貌すら学問レベルでは、すなわち学問体系としては、まだ現実のものとして見たことがないのである。だからこそ、学問の構築を目指して設立された日本弁証法論理学研究会の我々がやらなければならなかったのである……。

さて、話は変わるが、実際に自分の主体（実体）を用いて、長い期間修業レベルで武道空手の訓練を行った人々が、それもとても厳しい訓練・修業を実践してきた人々ほど自分の体験をもとにして、なんらかの空手論、武道論を説こうとするのは当然のことである。

だがこれは大変なことである。

「なぜですか、理由は?」と諸君は問いたいだろう。説明しておこう。以下のことである。

仮に、誰かが武道空手なり刀法なり、柔法なりの修業を何十年か行ったとする。その修業の成果をもって、彼が刀法とは、柔法とは、を言葉で表現しようとすると、「刀とは」とか「柔とは」との文字までは書くことができるが、そのあとの文字がどうにも続かない。つまり単なる文字すらまともに書くことができないのである。

実際は「刀法とは〝かく、しかじかのもの〟である」と説きたいのであるが、その〝かく、しかじかのもの〟という言葉がどうにも見つからない。いくら考えてもでてこない。仕方がないからとして、誰かの論文を盗んで自分の文として書くことになってしまうことにもなりかねないのである。これが私の著作の盗用が多いゆえんなのである。

ある日、ある人に「武道空手とは何か」を理論的（学問レベル）に説くとどういう文章になるのかを問うてみたが、彼は言葉でいろいろと説明はできるのだが、きちんとした文章として表現できるほどには分かっていなかったのである。これは当然のことながら、「技とは何か」も、「技のスピードとは何か」についても、同様なのであった。

簡単に説けば、事実としては具体的にしっかりと知っていても（分かっているつもりでも）、その構造すなわち法則性、つまり理論としては少しも分かる努力を行っていないので、どうにもならないのである。すなわち、具体としての武術は身体そのもので分かることはできても、「武道とは何か」が頭脳活動として分かる実力のある人々は、ほとんどいないということである。

当然のことながら、事実レベルでは「武術一般」としての技というものは存在しない。実在してあるのは刀法の中のこんな刀の技、柔法の中のこんな柔の技という、いろいろな個別の技が無数にあるだけなのである。それゆえ、もし誰かがこれが武術の技というものであると説く場合には、それらの無数の技を結果的に幾つか寄せ集めたものでしかないのである。

以上は、医師が、医術は自家薬籠中の物であっても「医学とは何か」が分からないのと同じである。彼らほとんどの医師の頭脳に存在しているのは病気の症例だけである。それだけに理論となるべき本当の症例検討のレベルとするとなれば、「病気とは何か」「治療とは何か」が一般的かつ構造的に分かる展開でなければならないのである。だが、現実的にはそうはなっていない。

すなわち現在あるすべての学術的存在の実態は学問・理論には程遠く、どのような分野においても、今ある現実は、いわゆるそれぞれの技を寄せ集めて、総括したか、要約しただけのものである。それだけでしかない悲しく、厳しい現実である。

ここで総括というのは、すべてのものを寄せ集めて、存在するものをなんとかようやくそれが本来存在するべきところに、括っておいているだけであり、けっして統括された状態ではない。

ここで統括とは、収集したものが単に括られているのではなく、体系的レベルにまで総括・統括され、それが系統的に用いられる状態になっていることをいう。分かりやすく説いておくなら、総括レベルでは頭蓋骨の中の脳に総反映的出来事を置いただけで、脳と身体の関係が分かって置かれただけのようなものである。

脳と身体の関係は、統括されていなかったらこれは大変なことになるのと同様であると学問上も理論上も思弁できなければならないのである。そうでなければ、つまり脳と身体の関係は事実レベルでどのようなことか分かることは可能であるが、事実と学問の関係は事実レベルでは絶対に分からないので、しっかりとした総括統括性、すなわち単なる総括統括レベルではなく、そこから理論的な体系性、系統性を把持したものとして創出することが大事なのである。

現代におけるそのような学問的な暗闇の中にあって、数十年前（一九七四年）、『科学的看護論』（日本看護協会出版会）という、見事に自分の専門分野である看護界という現実の世界を観念レベルで学問の世界として総括・統括してみせたものが、世界で初めて出版された。これは画期的な出来事であるといってよい。

しかし残念なことに「自然科学」の世界は、いまだに総括すらされてはいない。ましてや、統括などされていないのが実状である。今までに総括されているかのようにあるのは、ようやくにしてヘーゲルの「自然哲学」であるが、これもよくて「自然哲学への発展のための考察」の域をでない。ゆえに、当然ながら体系化されたものではない。

技術的な世界としては統括されてもよいレベルに発達してきている現在の「自然科学」の世界ですらそうなのであるから、それ以下のレベルである「社会科学」や「精神科学」にいたっては、当然のことながら、いまだに総括も統括もされていない。一体それはなぜなのか、がまじめに問われてもよいはずである。理由は簡単である。ヘーゲルの場合は、学問としてはまだ発展途上だから未完とあってもやむをえないのであるが、それ以後の学者先生方にあっては、学問が体系化されるには何が一体必要なのか、が全く分かっていないからである。

（4）学問が体系化されるために必須の弁証法とはいかなる弁証法なのか

では一体、学問が体系化されるには何が必要なのか、何がないから体系化されていないのかを、私ですらが学問への道を辿りだした頃は、薄ボンヤリレベルでしか分かってはいなかったのである。それが何十年間もの研鑽ではっきりと目に見える形で分かってきたのである。そこで、「〝夢〟講義 第十九回」で、そこを明らかにすることにしたのである。

プラトンは、弁証法の効用について、「弁証法は諸学問の冠石である」と述べているが、これは、「(幾年にもわたっての合宿生活レベルでの）弁証法（としての実力を培う問答的闘論）の研鑽なしには学問の土台は形成されえない」というのが、正式の意味である。つまり、学問が体系化されないのはなぜかを一言でいうと、「それは以上のごときの修学によって培った弁証法的実力を把持できていないからである」となる。歴史上の学者・研究者とされている人々も含めて、誰もが、以上のごとき弁証法的実力をまともに養成したことがない、というべきである。

もちろん、これには例外はある。例えば古代ギリシャのプラトンとか、アリストテレスとか、近代のカントとか、ヘーゲルとかは、そうである。それはともかくとして、ここで大きな問題提起をしておかなければならない。それは、ではそもそもプラトンの述べた「弁証法」とは何か？である。「弁証法的実力なしに、学問はできない」という、このプラトンの弁証法とはそもそも何物なのかである。

なにゆえにこのような問題提起をするのかを、不思議に思う人々が多数であろう。

それは、我々が常識としている現代の弁証法では絶対にないからである。端的には、古代ギリシャ時代からカント以前までの弁証法のこと！（ただしアリストテレスは除いての）である。

これについて、ヘーゲルは一応総括している。だが彼の文言をまず読んでほしい。「しかし弁証法ということが証明とは別のものとして取り出されてからは、哲学的証明などという概念は、実はもうなくなってしまったのである」『精神現象学　序論』(山本信訳、中央公論社)とある。

読者の方々は、この文言を読んで少し奇異に感じなかったであろうか。ヘーゲルのこの総括は一体何を意味するのか、と疑問がなかったのであろうか。

私のここに対する回答が、実は『全集』第二巻の第II部なのである。

初学者のためにここで少し註を付しておくなら、「哲学的証明」という言葉は、古代ギリシャからの元々の意味としては、「弁じて証明する」という「弁証の方法」だったものが、時を経るにつれて公式化し、哲学的に証明する方法となっただけのモノである。つまり、原義は「哲学的証明」ではなく「弁証の方法＝弁証的証明」だったものである。ここを詳しくは本書の第一部第一章で説いておいた。

そこをヘーゲルは知らずに(分からずに)、「弁証法というものを、哲学的証明とは別のものとして私(ヘーゲル)は誕生させたのだ」と誇って！　いるのである。

それはそれとして科学としての弁証法、すなわち、エンゲルスや恩師三浦つとむの弁証法をまともに時間をかけて勉強した場合、学問の体系はなかなかできないことになる。しかしだからといって、その学問形成の土台となる弁証法を修得しなければ、学問の体系への道標すらおぼつかないことになる。

(5) 弁証法を捨てるとその人の学問はどのようになってしまうのか

このことを、仮にここに偉大というレベルの学問をと志す若い学者がいたとして話を進めよう。その若い学者は、若気のいたりで最初の頃は弁証法を信じてかかったので学問への端緒につけたのであるが、実力が向上するにつれて、いつの間にか思いあがって弁証法を捨てたとしよう。お蔭でその後の彼は何十年たっても、学問の体系化すなわち統括ができることがなかったというようなことである。しかしこれはうっかりするとそれだけにとどまらず、悲しいことに自分の学問の統括より学問的レベルの低い総括すらできなかった、という現実を持つことにもなりかねないのである。

以上を簡単に説けば、弁証法の効用の一つは、例えば大本の幹と根をつなぐような役割を持つものでもある。自分の学問の端緒までは弁証法を用いて論理的展開をしていた若い学者が「基本的出発書」を出版したあと、どうしてか弁証法を捨てたとすると、やがて彼は、幹と根を別々のものとして組み立てるというか、養成するというか、成長させようとするハメになってしまうのであり、結果、根から切り離した幹だけを取りあげれば、幹の説明はなんとかできるのだが、今度は、幹の中と幹の皮の区別がつけられないことになる。

そこで、やむなく幹の中は、また別個に取りあげることになってしまう。これはまた根についても同様のことが起きてしまい、詳しく説けば説くほどに、説得力がなくなるばかりか、あげく、学問的には幹と根は全く別のものとして存在するのだと説くようにもなっていくのである。弁証法を用いることによって若くして学者となれた彼が、もしその肝心の弁証法を捨てたとなると、自分の学問を弁証法性をなくした学問、すなわち大本の幹と根を接木したような学問、統括が不可能な学問として分立させて内容を説いていくしかできなくなっていくのである。

したがって、この若くから学者だった彼には、自分の学問を統括できないままの総括レベルの形態論となすしか道はない！　ことになるのである。あげく、学問には体系が必然性だと思いながら、その必然性についてはなんら説くことができない頭脳になっていくのみなのである。それは、自分のその体系なり論なりの構造に弁証法性が必須であるだけに、その肝心の弁証法はとっくに捨てさって、用いようがないからである。

(6) 学問形成のためには、弁証法を二重構造性で学ぶことが必須である

さて、学問を弁証法で説（解）くには、二つの説（解）き方がある。一つは、「自然・社会・精神の一般的な……」という、捉え方で説（解）くことであり、もう一つは、それぞれの問題を科学的とする弁証法レベルの三法則で説（解）いていくことである。

とはいうものの、本当の弁証法の用い方とは以上の二つを直接的同一性レベルで併せ用いるこ

とで、初めて学問が体系的に説（解）けることになるのである。

武道空手の実例で説けば、例えば突、蹴、受は三つに分立しているので、すなわち突、蹴、受は別々の技として現象しているので、分けて考えてしまうのが通常である。つまり弁証法的実力がないと、突は突としてしか説（解）けないし、蹴は蹴として説（解）いてしまい、受は受として説（解）くことになる。その結果、突、蹴、受の現象的な区別と連関は分かったとしても、闘い全体としてのつまり体系性としての突、蹴、受としては説（解）けないのである。本当は、突、蹴、受といった三権分立（三つの独立した技）などあるわけはない。

歴史的に見れば、武道空手の闘いは、全身体を用いてのものであったものが、しだいに得意技なるものができていって、すなわち全権が三権、三つの技に分かれることになっただけのことである。なぜ分かれたのかは、もう一つの説（解）き方の弁証法である。

弁証法とは「自然・社会・精神の一般的な運動」の法則性を用いることであり、ここからしか身体全体であった闘いがなぜ三つの技に分立したのかは説（解）けない。この問題に相当するのが、学問レベル、すなわち学問体系レベルでの、例えば「哲学と論理学の区別と連関」であることにつながっていくのである。両者を、二権分立として説（解）くのか、直接的同一性として説（解）くのか、直接的同一性であるにもかかわらず相対的に扱わなければ間違うことになる。

本来学問的にはそういう問題として説（解）いていかなければならないものである。

さて、それでは、学問形成のために必要な、あとの半分の弁証法とはなんなのであろうか。それは、それこそがヘーゲルが用いた弁証法、すなわち、「哲学的証明などは不要とする、かの新しい弁証法」である。しかし、面白いことにヘーゲルの著作の中にそれはでてこないのである。それがいわゆる形式として現われているのは、唯一カントの主著とされる『純粋理性批判』(岩波文庫)の中で用いている弁証法である。

しかしこれは、形すなわち形式が現われているだけであって、弁証法とは全く見えようがない。だから恩師三浦つとむは、『弁証法はどういう科学か』の中で、カントにおいて弁証法が復活したと説くだけで、それはどういうことかを何一つ説いていないのである。つまり、恩師三浦つとむにはここは解けなかったのだといってよい。

話はとんでしまうが、ヘーゲルは、哲学的問答法から哲学的証明へと弁証法の発展の時代に弁証法を学んだわけであるが、悲しいことに、哲学者として名を残してはいる、かのデカルトが、哲学的問答法の時代の弁証法を学ぶことになったのは、これまた時代性のゆえであるので、仕方がないとしても、彼、デカルトはヘーゲルのような進んだ学び方ができなかったので、弁証法を「役立たず」として捨てざるをえなかったのである。

だからデカルトの哲学は、ガラクタレベルになってしまったといってよい。それだけにデカルトは、彼の専門である数学も物理学も学問としては、なんらモノにならなかったのである。物理学とても、弁証法を抜きにしては学問としての物理学には到底なりようがないのである。

なぜかといえば、「弁証法は世界の一般的な運動の把握」であり、物理は世界の一般的な運動そのものであるから、弁証法が分からなければ、物の運動が分からない、当然に物理も分からないということは、簡単な現実である。当然に太陽系もその運動を学問的には見てとれないことになる。大体、光は直線だ、などと阿呆なことを考えてしまうことにもなる。

太陽から地球まで光がまっすぐにくるのは、その間の物質が、光を直線的に通す性質を持っているだけのことだからである。だから、光はガラスに当たればはねかえる。それは、ガラスがそういう性質を持っているというだけのことである。地球は光を通さない性質を持っている。だから光と地球の相互浸透は熱を持つことになるのだと誰もが知りうることなのに……。

これは光が熱を持っているわけではないのであり、光と地球の相互規定性で熱として現象しているだけなのである。地球に光が当たったところで、地球は光を通さないから熱を帯びる。だから当たってもすぐには熱くはならない。もし水が太陽の光をほとんど通さなければ、水の表面は熱くなる。しかし水は通してしまうからより簡単には熱くならない、それだけのことである。

さて、話を元に戻して、学問のために必要な、もう一つの弁証法とは、では何か、である。最初に説いた、現代の弁証法、すなわちエンゲルスの措定した科学としての弁証法は、学問の体系化のための一つの弁証法であった。これが分からなかった人々は学問の体系化が形而上学的になり、発展のできない学問となるのみであった。

これほど学問の構築に大切な弁証法であるのだから、若くして学者を志す人々は、自分の学問を発展性あるものとしての体系化を望むならば「科学的な弁証法の三法則性」は、学問の体系化のための弁証法性、学問を体系化するため、学問形成のための弁証法の一つなのである、ということを分からなければならないのである。

しかし、学問を体系化するためには、体系化するための構造モロモロの究明が弁証法とは相対的レベルでぜひに必要である。これは学問になる構造、つまり体系化する前のいろいろな構造を究明していかなければならない。そのために必要なのが、もう一つの弁証法の学びなのである。すなわち、古代ギリシャ時代より行われ、現在「哲学的問答」として受けつがれている弁証法であり、プラトンが「弁証法は諸学問の冠石である」といった、そのプラトンの弁証法の学びが必須なのである。これについては、かつて『〝夢〟講義』、『全集』第二巻で詳しく説いたので、省略したい。

弁証法は、このように、二重の構造（性質）を把持するのであり、双方を統括できて初めて、「哲学・論理学」の構造論となっていくのである。

第二章 「学一般」へのプロローグ

(1) 学問体系構築に必須の弁証法

「弁証法を軽視すれば罰なしにはすまされない」とは、エンゲルスのあまりにも有名な名言であるが、学問の構築にあたって、この言葉の持つ意味が、どれほど重いものであるかを、読者の方々にしっかりと分かってもらうことが、この講義のテーマである。

具体的には、弁証法を哲学レベルで把持しつづけてきた私が、現在到達している学問的高みと、弁証法を捨てた多くの学者先生方の到達した学問的レベルの違いをしっかりと分かり、弁証法の重要性、逆から説けば弁証法を捨てることの怖さを分かってほしい。

この講義では、「学一般」の一般論から、構造論を体系的に展開していこうと思う。これは、アリストテレスからカントを経て、ヘーゲルにおいて、観念論の立場から一応完成に近づいた学問体系を、しっかりと唯物論の立場に立った学問体系として説いていくことになる。

さてつい先日、某大学者が、実に膨大な〝著作〟なるものを発表したが、淋しいことにこれは学問書としての体系性はおろか、理論性さえ一貫していない惨憺《サンタン》たる中身であった。何十年も学問を専攻した大学者でありながら、自分の専門に関して概念規定一つなされていないという事実は、この書物が、いささかも体系的な学問書ではないことを証明することになる、といってよいほどのものである。

これを「そんな難しいことを」と不満に思う読者もいるかもしれない。だがこれは、つまり「学問とは概念規定なくば成立せず」の文言は私の独断的理論ではない。これはかつて、私が学問上の師と仰ぎ、学問的論文の書き方をイロハから手ほどきを受けた大先達たる滝村隆一に、厳しくしごかれたことである。

では、なぜこの大学者はこのように理論性、体系性が欠落し、結果として、学問体系を構築することが不可能な状態になってしまったのか。その理由は、その大学者がある日ある時、何も考えないままに「弁証法を捨ててしまった」の一言につきる。でも当の大学者には、それが原因だとは今もって全く分かってはいないし、これからも「ない!」はずである。

では、なぜ弁証法を捨てると、学問体系の構築は不可能であると断言できるのか。私がそう断言できる理由が二つある。

一つは、弁証法を哲学レベルで把持しつづけてきた私が、その弁証法的実力を駆使して構築したのが、学問体系、すなわち「学一般」なるものであったということである。そして、もう一つは、その「学一般」なるものを構築するために必要なものは、いわゆる旧弁証法と新弁証法の二重の弁証法であることを、古代ギリシャ時代からの学問の歴史をふまえて説ききったことである。すなわち、学問への王道とは、まさしくこの二重の弁証法であることを明らかにできたのであり、これは『全集』第二巻にしっかりと説いておいた。

端的には、第一は、私が弁証法的実力を駆使することによって到達できた、結果としての学問的高みであり、第二は弁証法を駆使するとは一体いかなることかの過程的構造の解明であり、この両者によって学問体系構築に弁証法が必須不可欠であることを、完膚無きまでに証明できたのであった。

（2）学問としての「哲学」の概念を説く

「学一般」と弁証法の関係については、すでに私が、『武道講義第二巻　武道と認識の理論II』（三一書房、現『南郷継正　武道哲学　著作・講義全集』第十巻所収、現代社）に説いておいたので、その部分をもう一度読んで理解してもらってから、この講義に入ることにする。

学的レベルから哲学を問う

では、ここで哲学に弁証法と認識論が深く関わるゆえんを簡単にでも一言しておく必要があるであろう。もちろんここに説く哲学とは唯物論哲学である。

哲学とは端的には個別科学たるあらゆる個別科学の一般性に貫かれる共通性を一般科学レベルから説くものでなければならない。もっと説けば、個別科学の論理を一般科学レベルから体系化したものをその構造論として把持するものである。

ここを学の構造から説けば、過程の複合体たる世界の動的静的なる一般性的論理性の把握でありその一般的体系化であるが、学の目的としては世界の動的静的なる一般性的論理性を学一般レベルからなる駆使の体系に置くことである。

少し具体的には個別科学たる政治学、経済学、社会学、歴史学、心理学、言語学、芸術学、生物学、化学、地学、物理学、医学、看護学、教育学等々の個別分野に関わる学を集合体、モザイク体として形成したところに成立する総合科学ないし学際科学たるごときの似非学などではなく、それら個別科学の構造的一般性レベルの論理を下限として、それら個別科学の構造的共通性の論理構造に着目してそれらを一般的に体系化した学たる、いわば一般科学的性格を把持する学すなわち世界の論理体系化たる学、いわゆる論理学を自らの学の体系の中枢として構築しつつ把持し、その論理学の本質・構造を自らの学の適用として事物・事象に自在に駆使しうる論理構造を論理能力として自らに把握する形で創出することが、学としての、そして学という名に値する哲学の成立そのものなのである。

この哲学の場合、この駆使する事物・事象の上限・下限は問わないものの、およそその一般的対象としては森羅万象であり、世界そのものである。

それゆえ、対象的現実が一般性としては運動性的常態を本質とするものであるから、その恒常的運動性・矛盾性を本質として究明することを本分とする学としての弁証法が、対象を運動的事象として、つまり、過程の複合体たる対象をその過程性に重点をおいて、すなわち一般的運動性・運動的一般性を究明する方法として必須不可欠とされるのである。

これは『反デューリング論』や『自然の弁証法』『空想から科学へ』『フォイエルバッハ論』などで、かのエンゲルスがつとに説いている通りにである。

これを書いた時に、学問の歴史上初めて、ヘーゲルも成しえなかった、哲学の概念規定を成しえたのであり、また、哲学と論理学の区別と連関を明らかにしえたのである。すなわち、論理学とは世界の論理構造を体系的に把握したものであり、哲学とは論理学を「駆使の体系」におくこと、つまり論理学の体系的論理構造を用いて世界を説ききることである、と説いたのである。

そして、「この哲学の場合、この駆使する事物・事象の上限・下限は問わないものの、およそその一般的対象としては森羅万象であり、世界そのもの」であり、その「対象的現実が一般性としては運動性的常態を本質とするものである」から、「その恒常的運動性、矛盾性を本質として究明することを本分とする学としての弁証法」が哲学に必須不可欠となる、ということである。

しかし、ここに説かれてある内容は現在にあっては、もはやすでに一般論レベルでしかなく、哲学・論理学と弁証法の関係は、現在すでにその構造論、過程的構造論に立ち入って、完璧なまでに説（解）ききっているのである。その内容について、もう少し講義していくことにしよう。

（3）すべては、一体的全体から生成発展しているという理解なしに体系化は不可能であるこれからの講義内容を理解するためには、まず前回の講義内容を振り返ることから始めなければならない。なぜなら、その講義は、まさしくこの講義へのプロローグになる、と思われるからである。

前回の講義のテーマは、「唯物論から説くならば、すなわち森羅万象は物そのものであるとして捉えるならば、それは体系性を把持する全体であり、体系性を持つ一体である」ということであった。

すなわち、『全集』第一巻で説いたヘーゲルの「絶対精神の自己運動の運動形態」そのものを、まさに学的唯物論の立場から説いたのが、前回の講義であった。

つまり、宇宙の森羅万象が、すべて組織（体系性）だった一としての全体（一体的全体）からの生成発展であるからこそ、我々が専門とするいかなる分野の対象も、その一つとして全体から切り離されたものとして存在するはずはなく、したがって、その一つとして全体から切り離して捉えてよいものではないということである。

例えば物理と化学とか、政治と経済とかいうのは、人間が対象を勝手に分けて取り出してきたものであり、あくまで現実は、一体的全体から全体的無限へと生成発展している「重層的な過程の複合体」である、というのが、前回の講義全体を貫くテーマであった。

だからこそ、我々がそれぞれの専門分野を科学的に体系化しようとする場合、その全体の一からの生成発展を論理的に（論理レベルで）視ることなしには不可能なのであり、必ず一体的全体としての「学一般」が必要なのであるということであった。

以上が、前回のゼミ合宿講義の要点であったが、今回はそれをプロローグとして、「学一般」の一般論、構造論、さらにはそれに至る過程的構造論を少しばかり説いていこう。

第三章 「学一般」の全体像

(1)「学一般」の一般論

(A) 弁証法の成立過程から視えてくる弁証法の歴史性、構造性

読者の方々にとっては何回どころか何十回もの復習となるが、これが私の講義のスタイル(流儀)であることは承知のことである。そのスタイルに従って、まずは、弁証法の歴史性、構造性について簡単に繰り返しの講義である。

読者の方々が弁証法という場合、最も錯覚しやすいのは、

①古代ギリシャで誕生した弁証法と、

②それが伝えられてきた十六世紀、十七世紀までの弁証法と、

③カント、ヘーゲルの弁証法と、

④エンゲルスの弁証法とは、

その姿や形が全く違う、すなわち実態的様相がまったく異なるのに、それを同じものと考えて

しまいかねないということである。

これについては『弁証法はどういう科学か』にも、『反デューリング論』『自然の弁証法』にも、少しも説かれていないだけに、そこを『全集第二巻　新・弁証法・認識論への道』第二部で、ある程度説いておいた。

読者の方々がもし、これを分かろうともしないで、「弁証法というものは」と説いていっては、虚言を弄《ロウ》することになる。世上、弁証法をよく学びもしない学者先生の中の否定論者が書物の中であちこちに書いているように「弁証法というのは、自然・社会・精神の一般的な在り方だから、すべてにあてはまるとか、あるいは三つの法則といってみても何もいわないに等しいとか、矛盾などはあまりに一般的すぎて、自分が専門とする分野の解明にはほとんど役に立たないに等しい」とかとなってしまうと、その学者先生は簡単に弁証法を捨てることになってしまうのである。

たしかにエンゲルスは、「弁証法は、自然・社会・精神の一般的な運動の法則」というレベルで説いてはいるが、当のエンゲルス自身、その中身はよく分かっていなかったのである。すなわちそれが三法則としての弁証法の創出者であるエンゲルス自身すら分かりかねたものであるから、まして、大抵の学者先生は「弁証法は自然・社会・精神の一般的な在り方だから、一般的過ぎて役に立たない」と弁証法を捨ててしまっても仕方がなかったともいえるのである。

しかし、まともに歴史の中に弁証法の生成発展の跡を辿ってみれば、本来、弁証法には多重構造があるのが自然に分かってくるのである。すなわち弁証法の学的成立自体に歴史性、過程性、法則性、構造性、理論性があるのだということが、である。

まず、「弁証法は、自然・社会・精神の一般的な運動の法則」という時、歴史的レベルでは、これは「自然・社会・精神」を一括りにした一般的な運動の法則〔では絶対にない〕ということである。

それだけに弁証法レベルとして「自然・社会・精神」といった場合、この三つの分野を歴史性、過程性を忘れて、平面的に自然と社会と精神として並べてよいものではなく、「これには、歴史的な三つの過程としての構造があるのだ！　あるいは三つの構造としての歴史性を持った過程があるのだ」と、はっきり捉えなければならない。すなわち、弁証法は、その大本たる「自然」と「社会」と「精神」のそれぞれの三つの歴史的・過程的な構造に分かたれるのであり、分かたれたらこれまた当然に、それぞれが歴史的・過程的に、それぞれの弁証法としての独立性があることを分かることが大事である。

つまり端的には、自然には自然の弁証法としての特殊性、構造性があり（なければならないのであり）、社会には社会の弁証法としての特殊性、構造性があり（なければならないのであり）、精神には精神の弁証法としての特殊性、構造性がある（なければならない）ということである。

それら三つの構造の弁証法の歴史的特殊性をしっかりと理解した上で、その三つをいわゆる弁証法的に重ねることができれば、そこで初めて、三つの弁証法を一般化した学問体系としての弁証法すなわち弁証学となる（なれる）のである。

その構造を少しも究明しないで、ただ「自然・社会・精神の一般的な運動の法則」とのたもうてしまうから、先述の大学者もさることながら、発想者であるエンゲルス自身にも、学問レベルでは弁証法はあまり役に立たないということにもなったのであり、我々としても、そうなりかねないものなのである。

さて、このように「自然・社会・精神の一般的な運動の法則」である弁証法には、以上のような三重の構造があるのであるが、これは弁証法の発展した流れをきちんと辿ってみるならば、よく分かるはずである。

(板書)

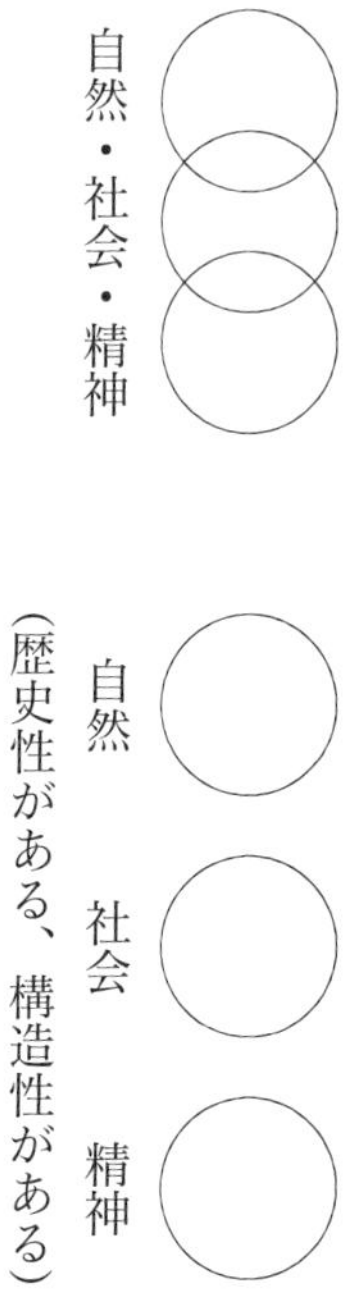

どういうことかを説けば、この地球の歴史をしっかり学べばまずは自然の発展としての一般的な運動の構造あるいは現実があり、次にそれが社会の発展としての一般的な運動の構造、現実へと発展し、その流れの果てに、精神の発展としての一般的な運動の構造、現実というものが存在するのである。

だから、弁証法というのは、
「自然の一般的な運動の法則性である自然の弁証法」と、
「社会の一般的な運動の法則性である社会の弁証法」と、
「精神の一般的な運動の法則性である精神の弁証法」とがあり、
たしかにこれを一文でまとめると、「弁証法は自然、社会、精神の一般的な運動の法則である」となるのだけれど、これはあくまでも弁証法が発展した流れとしては、自然の弁証法の流れがあって、次にその流れをふまえての社会の弁証法が出てくる（出てこられる）のであって、次に以上の自然、社会の二重性（二重構造）をふまえての精神の弁証法の流れが出てくるものである（でなければならないのである）。

そうなのではあるが、人類の歴史、特に学的認識（精神）は逆コースを辿る場合がママありうる。古代ギリシャにおいてはたしかに自然の弁証法ではあったが、中世から近代にかけては精神の弁証法が幅を利かせており、社会の弁証法に至ってはいまだし！　なのである。

少し説いてみよう。まず古代ギリシャ時代にあった弁証法は、本当に素材そのものの「自然の弁証法」であった。この時代には、主として人類の向かう目（認識）としては自然的な現象が主であり、それに向かっての研究が行われていたからである。具体的には、雨や風などを研究しての航海術や、浮力などを研究した物理と、測量・戦争に必要な初歩的な幾何などである。

このように、ソクラテスに始まってプラトンである程度完成（？）し、アリストテレスが用いたところの古代ギリシャ時代の弁証法といわれるものは、自分の研究対象である、あるもの、に関わっての討論（論争・闘論）だったのであり、討論（論争・闘論）することによってこそ、対象の真実に迫っていくことが可能となっていくのであり、そのプロセスこそが弁証法（の起源）だったのである。

それに対して、「精神の弁証法」が大きく顔を出してくるのは、中世（スコラ哲学）になってからであり、いわゆる技術が顔を出すのも中世である。なぜなら、認識が発展し、複雑化することがなければ、技術の研究の発展性はないからである。「精神の弁証法」は、カント、ヘーゲルにいたって、中世より大きく顔を出すことになる。だからこそ、この時代にようやくにして、このヘーゲルの『精神現象学 序論』があるのだと、分からなければならない。

このように、エンゲルス以来、唯物論学派に受けつがれている「弁証法とは自然・社会・精神の一般的な運動の法則である」ということの本来の意味を、その歴史性、構造性に立ち入って理解しなければならないのであるが、「社会の弁証法」はいまだなし！　であることは、説いた通りである。しかし、恩師三浦つとむを初めとして、ほとんどの弁証法を学んだ唯物論学派たる学者先生方は、エンゲルスが「自然・社会・精神」といったその中身は、本当は生成発展という歴史性、時代性を把持しているのだ、ということを理解できないで、これを平面に並べてしまっているのである。

本来、「自然・社会・精神」といった場合、この三つの構造は一体として存在しているわけだから、これを分けるとなると、自然と社会と精神に分かれることは当然である。それゆえ分かれたら弁証法性がそれぞれ違うと思わなければならないはずなのに、自分たちの頭脳活動が平面的なだけに、弁証法の三分野の立体性を、わざわざ平面的にしてしまったのである。

　ここで大きな問題が浮上してくることになる。それは、では、三つが合体した立体的弁証法はどうなるのか、である。

　自然の弁証法、社会の弁証法、精神の弁証法、の三つが重なると、当然ながらこの三つを一般化したレベルの弁証法になる。すなわち、「自然の」「社会の」「精神の」という特殊性を捨象しての一般化を、つまり、三つを重ねて一般化した弁証法としての顔を持つようになってくるのであるから、それゆえ、この一般的な運動というレベルでは、すべてが合致するわけである。それだけに、たしかにこれだけだったら、若い学者志望者が錯覚するように、弁証法はなんの役にも立たないといってもいいかもしれない。

　しかし、一般的な運動というレベルでは合致したにしても、自然の一般的な運動と、社会の一般的な運動と、精神の一般的な運動とでは、その構造＝立体性が違うということは馬鹿でも分かるだろうというものである。なぜなら、物の運動と社会の運動と文化の運動が異なるのは中学生レベルの常識というものだからである。

　このレベルの違いが分からなければ、とても学者どころか、高校一年生ともいえない。

さて、これまで説いてきたように、弁証法には歴史性があるのだから、「弁証法とは何か」を説く場合には、必ずその歴史性を考慮しなければならないのである。だから例えば、古代ギリシャ・ローマ時代のいわゆる「弁証法」という場合は、あくまでも戦術とか、航海術とか、あるいは測量術とか、もっと小さくは浮力の定理、三平方の定理とか、そういうレベルでの弁証法ということになる。

では、デカルトの時代の弁証法というのは、どうなっていたのかというと、これがまた面白いことになる。デカルトの時代の弁証法というのは、たしかに弁証法といってもいえないわけではないのだけれど、いってみれば、刀術・刀法でいえば組太刀、柔道でいえば投げの形、武道空手でいえば約束組手といったレベルのものであった。

どういうことかというと、古代ギリシャ時代の弁証法というのは、ソクラテスからプラトンにいたるプロセスで、ある程度完成し、その完成した弁証法レベル（古代弁証法）を使って書かれたのが、現代に残されている、いわゆる『アリストテレス全集』の中身である。

では、その頃のアリストテレスやプラトンはどういう弁証法を駆使したのか、ということを、つまり古代ギリシャの弁証法といわれるものを再現することは簡単である。なぜなら、その中身が、およそ十七世紀頃まで、ヨーロッパにおいて行われていた大学の基礎教育の必須授業課目だったからである。それを現代用語でいうと、「哲学的討論法」とか、「哲学的問答法」とかいうものであり、この形式で今の東京大学にも一部の教官の間に残っている。だから東京大学で哲学をまじめに学ぼうとする人々は、そういう幸運に出会えることもなきにしもあらず、である。

「哲学的討論法」とか、「哲学的問答法」とかいうものの実態は簡単である。すなわちこれが何かというと、実は古代ギリシャ時代の弁証法の形骸、魂の死んだヌケガラであり、中身のない形式的問答の集大成だらけだということである。

さて、ここでしっかりと分からなければならないのは、ソクラテスやプラトンの実践した弁証法の中身というものは、あくまでも自分自身の研究対象である、あるものに関わっての、そのものの体系性に関わってのＡからＢへ、そしてＢからＡへ、と連綿と続く必死の闘論・討論の方法であったということである。その必死の闘論・討論方法こそディアレクティケー、つまり弁証法という名で残っているのだ、ということであって、現在でいう弁証法というものが、その時代にあったわけでは全くない。

ここを論理的に説くならば、必死の闘論・討論をある方法・ある形態で、自らが問題としている対象の意味、意義を明白にすることを通して対象の真実に迫っていく、そのプロセスこそが弁証の方法、すなわち弁証法というわけなのだから。これが古代ギリシャ時代の弁証法の真の姿であり、形式だったのである。

では、デカルトの時代の弁証法とはどのようなものだったのか。それは、古代ギリシャ時代の弁証法をいうなれば公式化、というか問答化、問答的形式にしたものである。つまり、「Ａと問われたらＢと答えなさい」「Ｂと答えられたらＣはと問いなさい」という流れでその問答集を作って、それを哲学的問答法すなわち弁証法として伝えていったものであり、それを学んだのがデカルトなのである。しかも彼、デカルトは、いうなれば小学生ないし中学生くらいの年齢で、である。

そしてこれが何に関してなされたかというと、神学に関してなされているわけである。ところがデカルトの専門はなんだったか？　彼の専門分野は数学とか、物理とか、医学とかといった自然学に加えて、病気学そのものであるだけに、これはけっして「真の人間とは、社会とは」ではなかった、つまり、弁証法を真に必要とする現代の学問に関わる内実があったわけではない。

それに対して彼の時代の神学というのは、精神の世界に関わっての社会学そのものである。宗教によってどう国家を治め、かつ社会の平穏を保てるかということが、当時の神学の大問題であったはずである。

だから、大秀才だったデカルトにとっては、このように神学の問題で解答だけを述べるというのは、実にくだらない阿呆レベルということになる。たとえていえば、一に一を足したら、何になるかというようなレベルの問題が、哲学的（神学的）問答としてなされたわけである。こんな馬鹿げたことに、大秀才たるデカルトが耐えられるワケがなかったのである。

しかも本当はこの解答なるものを知っていたにしても、これを最初から一は一だとしてしまったら、哲学としての問答には到底なりようがない。

古代ギリシャ時代は、「はたしてこれは一と呼べるか、一と呼んでいいのか」、という問題から始まるものであったのだが。だからソクラテスは、必ず相手に斬りこんで、「ほーら、おまえのいっていることは正しくないだろう」と反論する。すると相手は、「じゃあ、ソクラテスさん。あなたはどうなのですか」と聞く。それに対してソクラテスは「いや、私もあまりそのことは知らないんだよ」と答え、結局、お互いの無知をあばきだすことによって、確かなことは人間というものはなんにも知らないんだ、ということが証明されることになる。

当時としては、そういう見事な問答なるものを構成していくことでソクラテスは尊敬されていくのであり、だからほとんどの相手はそれで簡単に参ってしまっただけでなく、結局は、自分自身もその鋭い舌法によって罪に問われていくことになったのである。以上、それが当時の識者とされる人々の頭脳の最高形態だったのである。

たしかに、そのような問答レベルではソクラテスは頭がよかったのであろう。相手の欠点ばかり突っついて、俺は偉いだろうとなり、「じゃあ、本当の解答は?」と聞かれても、そんなこと知るか、で終わってしまっている。これは、現代の若い学者も元総理大臣小泉純一郎も「そんなこと知るか!」と答えることと同じである。

しかし、それを振りきって、それなりの解答を出していったのがプラトンである。そうであるのに古代ギリシャ哲学を研究した出隆を初めとする古代ギリシャ哲学の研究者は、みんなそこを分かろうとしない、というより分かる能力がないのである。

分かりやすいことでいうと、プラトンの国家論、ヘーゲルの国家論、とかを学者の誰かがしたり顔で批判するとした場合、ただしきりに批判を積み重ねるだけであり、けっしてその論理を完成させようとはしないのと同様である。本来ならば、では本当はどういうことなのか、どう説けばプラトンの国家論は学問レベルになるのか、そして同じ論理で、ヘーゲルのそれをも同じ論理できちんと体系的に説いてみせてこそ、批判という学問になるというものであるが……。

しかし、誰もが自分の説く国家と、プラトンの説く国家、ヘーゲルの説く国家との体系的な違いは一体なんなのかは、まず説けはしないのである。

端的にいって、プラトンは自らが主人公として位置している、いわゆる自分の国家を説いているのに、ヘーゲルは絶対精神の自己顕現の国家を説いているだけ、なのである。それに対して、現代の若い学者のほとんどは、自分が嫌いな場面の国家を論じて説いているだけ、なのである。

だから、デカルトにとって弁証法がなんの役にも立たなかったように、現代の学者にとってはプラトンの国家論はものの役に立つわけがなく、ましてやヘーゲルの国家など自分勝手な論説だ、ともなってしまうのである。

自分が国家にとって生かされている（生活できている）ことなど知らぬ顔の半兵衛をきめこんでいる人間の学問が、正常なものに仕上がるはずもないのであるが……。

（B）弁証法の学び方を説く

講義もここまできているが、読者の方々が分かっているいると思うわりには分かっていないことを、ここで再度指摘しておくべきであろう。

それは端的には、いわゆる弁証法の学び方とは何か、ということだといってよいと思う。これに関しては、ゼミ合宿が初めて開催されたのが一九七三年頃だったから、もう四十年以上説きつづけている。そしてその頃から、何回も説いていることは、「弁証法が分かるということは、日常生活を弁証法的に生きることである！」ということであった。これに関してはプラトンが、いみじくも次のようにいっている。

（a）プラトンの説く哲学的問答法の実態とはいかなるものか

そもそもそれは、ほかの学問のようには、言葉で語りえないものであって、むしろ、〔教える者と学ぶ者とが〕生活を共にしながら、その問題の事柄を直接に取り上げて、数多く話し合いを重ねてゆくうちに、そこから、突如として、いわば飛び火によって点ぜられた燈火のように、〔学ぶ者の〕魂のうちに生じ、以後は、生じたそれ自身がそれ自身を養い育ててゆくという、そういう性質のものなのです。

（長坂公一訳「第七書簡」『プラトン全集』十四巻、岩波書店）

学問レベルで「闘論・討論する」ということは、闘論・討論するだけの価値があることを闘論・討論する（しなければ意味がない）わけだから、闘論・討論する相手の実力がオンボロであったりしたら、これはもうなんの意味もないことになる。そういう意味で、医者が患者とまじめに病気について闘論・討論していいわけがない。

だからここで大事なことは、「教える者」という言葉を平板に捉えるのではなく、「プラトンのようなまともな実力のある人と」という意味でしっかりと捉え返すことが大切である。「生活を共に」というのは、同じ屋根の下でということであり、簡単には何年間もの合宿レベルの共同生活である。そこで生活を共にすれば、毎日毎日、というか毎時間毎時間が弟子の身からすれば先生から学べる、つまり勉強となるからである。これは例えば、昔はそうだったように、碁の達人になりたい人は、門下生、つまり内弟子になって、毎日毎日掃除、水汲みレベルから修業するのと同じことである。

特にこの古代ギリシャといった昔のように書物が存在しない時代の人は、先生の説く一言一言がいうなれば教科書代わりだから、この内弟子になる、すなわち生活を共にするということが、現代社会以上にどれほど重要かを、分からなければならないのである。

念のために、『プラトン全集』を繙く人々に忠告をしておきたい。それは訳が非常に歪んでいるということである。本文の中に哲学とか哲学力とかの言葉があるが、ここでプラトンの説く「哲学」とか「哲学的」という言葉は、実は誤訳というべきであり、言葉の実体はせいぜい「弁じて証明するレベルでの内容」ということである、と分かる必要がある。

この哲学力で最も大事なことは、相手との問答で間髪をいれずに問いにしろ答にしろだすこと（だせること）である。例えば質問されたら、ただちに答えることであり、答えたらただちに反問できることとの「繰り返し」の闘論・討論が行えることであり、これが問答法なのである。

問いにせよ、答にせよ、この時代のこれは頭脳活動としての闘いなのであるから、時間をとって考えていたらその解答は結果的に敗北となり、嘘になるからなのである。

なぜならば、この古代ギリシャの学者といえる人々の頭脳活動の実状態を説けば、現代のそれほどには鋭くなく、それだけに、この時代の「考える」ということの中身は、今のそのレベルの自分の適当な頭脳の中で自分自身との対話で相互浸透することになるのである。ということは、頭脳の働きがあまりよくならない、ことになるからである。

本来、問答すなわち、問うことも答えるということも、問いかけた相手と見事なまでに相互浸透する、ということにならなければならないのである。それなのに、自分の能力のままに考えつづけていると、今の情けない自分の実力と相互浸透すること、つまり自分のボロ頭のボロの回答と浸透することになってしまうからである。

これは武道の闘う相手と行う組太刀や、乱取りや、武道空手の約束組手などと同じことである。どうしよう、とか考えているのではなく、思いっきり攻撃する、すなわち突っこんで負けるか、勝つか、それが本物の問答だからである。端的には、この時代の頭脳レベルでは討論することがすなわち考えることであり、それが当時の「弁じて証明する」という論争の基本的形態であったのである。つまり、昔の弁証法というのは、問答形式で見事に論争・討論するということであったのであり、それが「本当のディアレクティケー」だったのである。

それが、時が流れて中世の頃になると、「問答集」という形での、いわゆる問題集になってしまったからこそ駄目になったのである。つまり、問題集ではそれがたとえ見事な問答であっても、その問題はすでに作成されていたものであり、そこではとっくに解答がでているものだからである。したがって、哲学的問答がいわゆる問答集として学校の「教科書」になってしまった時代には、この問答は弁証法としての学びには、もう役立たずとなってしまっている、すなわち学問上の学びとしては、おしまいだったのである。

これでは、本当の闘いの基本である組太刀や柔の形や空手の組手をケガをしないようにしてやるようなものである。そういう模範解答を学校でやったのだから、デカルトはその問答集を役立たずと馬鹿にしたままではよかったのである。だが、御当人はその問答の本質（歴史的実質）を学ぶことがなかっただけに、御当人も馬鹿なレベルに堕してしまったということである。

修学のための本当の問答は！　というと、これは解答のない弁証法レベルでの「模範解答」を自分の頭脳で創りだして、相手と闘うレベルの問答をすることでなければならなかったのである。そんなことがどこで行われているのだ？　と不信がる人々もいよう。

答えておく。東洋における宗教の禅問答そのものこそが、まことにもってそれそのものである。

たとえば『碧巖録』とか『無門関』という題名の書物を手にすると、この私が説こうとしている中身が簡単に分かることになろう。それらの解説的解答なるものは、その解説する人それぞれに様々である。すなわち、真の正解なるものは、己の心で解くべし！　なのである。これが、これこそが古代ギリシャ時代の「弁証法」の真の曙だったのである。

だから本当の禅問答をやった人々はすさまじく頭がよくなっていったのである。あれこそが、学問的には弁証法の実態といってよいのである。ただ宗教の場合は、いわば観念についての問答的弁証法であり、古代ギリシャのは現実にある事実を真の問題にしての弁証法なので、そこが大きく違ってはいるのだけれども……。

(b) 日常生活を弁証法的に生きるとはどういうことか

さて、弁証法が分かるためには、日常生活を弁証法的に生きなければならないが、その弁証法的に生きるとは、ではどういうことかを、少し具体的に話しておこう。

弁証法で、初心者にとって最も分かりやすいことは何かというと、弁証法の三法則の中のどれかであり、その中でも、すごく分かりやすいのは相互浸透の法則である。相互浸透の法則とは正式には「対立物の相互浸透の法則」ということである。ここで対立物とは何もケンカしたり、対立したりしていることではもちろんない。

例えば、自分が食べたもので自分の体が創られる場合は、自分と食べるものが対立物となり、あるいは自分が運動したことによって自分の体が創られる場合は自分と自分の運動が対立物となり、あるいは自分が着た衣服によって自分が創られるとは、自分と自分の衣服が対立物なのである。もちろんこれは、食物や運動や衣服で当然に心も創られることになり、ゆえに自分とは自分の体（身体）と心（精神）のことでもあることをしっかりと分かっておく必要がある。またあるいは、自分が生まれたところで自分が創られるのも同じ意義である。

つまりこの対立物である両者は、お互いに浸透しあっているのである。例えば、小学生の時に自分の勉強部屋をもらったとすれば、その勉強部屋によって自分のカラダ（身体）とココロ（精神）が創られるばかりでなく、その部屋を自分の気にいるように自分が創ってしまうことにもなるのである。だから間違って、弟の部屋に入ったとしたら、とたんに「違う」と感じてしまうことになるのである。

つまりそこに住むことになった人間の体質というか性質というか、その人の全部が、その人の住む部屋の雰囲気すらをも、創ってしまうのである。部屋は物そのものだから、なんら性格は浸透しないように思うかもしれないけれども、そこに確実に浸透していくのである。

例えば、その人がある車を運転すれば、確実にその人の癖が浸透していくのであり、だから車にはその人の癖が移る、といわれる。昔からの格言に、「万年筆と〝○○〟は人に貸すな」というのがあるが、これも見事に相互浸透の現実を言い表わしていることになる。

だから、洋服を自分が着れば、自分の体にあった形の洋服になってくる。靴も自分が履けば自分にぴったりあったようになるけれども、他の人が履くと、ちょっと違和感がある、ということになる。下駄もそうである。こういうふうに、対立物の相互浸透というのは、誰でも簡単に事実レベルで分かる弁証法の法則性なのである。

だから当然に、自分がおぎゃーと生まれてから、どんな人々を遊び友達に持ったかによって、どんな衣服を着せられたかによって、そんな自分がそのものに創られていくのである。どのような両親とどのような会話をしたか、どのような学校に行って、どのような教師に教わったかによって、自分が一つまた一つと創られていくのである。もうこれは、きまりきったことであるから、本当は学生時代までによほど心してかからなければならないのである。

したがって、これから弁証法の勉強をしたい、という人々は、「だから私は弁証法が駄目だったんだな。今までの生活が、弁証法と少しも相互浸透するものではなかったんだな」ということをまず分からなければならない。今までの生活がよかったら、改めて弁証法を学びたいと思うわけがないからである。なぜなら、その生活で十分にいわば弁証法と相互浸透しているわけなのだから。

弁証法を科学的（法則的）なものに創りかえて三法則化したエンゲルスのレベルで説けば、あの人はもう常に弁証法だから、すべて弁証法の三法則的にしか物事を観ないということになってしまいかねないことになる。だから、そんな弁証法的な自分しか創れないことになっており、したがって、「他の人々の他の人々なりにの弁証法性のある」ところが、逆に分からない。

分からないというのは、よい意味においても、悪い意味においてもである。そしてこれが怖いことであるが、エンゲルスはここは弁証法的だ、と思うところ以外は弁証法だと思わない頭脳の働きになってしまっているから、他に弁証法というものがあっても、それはエンゲルスの頭脳には弁証法としては映らない、ということにもなってしまいかねない、ということなのである。

というのは、人間の認識は問いかけ的反映をするものだから、自ら問いかけたものを、問いかけたように反映させて（して）相互浸透して（させて）しまうのである。これは対象の弁証法性との相互浸透とても、全く同じなのである。

だから、弁証法とつきあって、自分が弁証法的になるのは結構なことだけれども、自分がつきあった弁証法が、どういう弁証法だったかによって、自分の弁証法が決まってくることをけっして忘れてはならない。これはあたりまえのことだけれども、ほとんどの人々はそこに無頓着でありつづけている。これは大秀才たるエンゲルスとて当然に同じことなのである。

自分が食べたものによって、自分自身が創られるのと同じように、自分が勉強した弁証法によって、そのレベルで、自分の弁証法が創られることになるのである。だから、もしも弁証法と一緒に、仮説実験授業を学んだとするなら、これはお互いが性質の異なる法則性を持っているものゆえ、結果としてどっちつかずの頭脳活動になってしまう、というふうに馬鹿げた相互浸透をしてしまうことになるのである。

この相互浸透した結果を、科学としての弁証法では量質転化、すなわち「量から質への転化」

ということになる。つまり、ある事柄、ある状態がそういうふうになってしまったというのが、弁証法での量質転化ということなのである。

このように考えることができるならば、弁証法の学びというのは少しも難しくないのである。だが人間はこれまで、自分自身がやったことによって、自分自身のカラダとココロが創られているわけだから、そのやったことによって創られた自分がオンボロだったら、今まで行ったことを全部捨てる覚悟がなければならない。捨てるというのは文字通りの意味ではなく、「なるべく関係を持たなくする！」ということである。それは場合によっては親も恋人も友達もである、と。

ここまで述べると「そんな馬鹿な、親兄弟どころか、恋人までも！　なんということを！」と怒る読者がいると思う。「でもそんな君も、嫌になった恋人はさっさと捨てたのではなかったのか。それが学問上のことではできないのか」と私は反論したい。

これは、そこまでしなければ弁証法がものにならないからである。それまでにやったことがいいと思っている場合には、そういう弁証法がその人のものになっているわけである。だから、それでは役に立ったことがないと思う人々は、それを捨てるしかないのである。

今の自分が英語が駄目なら、今までの英語の勉強の方法がまずいのだから、その仕方を捨てるしかない、今までの予備校で駄目だったら、他の予備校にいくしかない、ということと全く同じことなのである。つまり、相互浸透というのは、今までの自分が行ったことが、今の自分を創っているということをいうのであるから、本当に弁証法を学びたいと思うなら、弁証法を学びたいという自分だけとっておいて、それ以外の今までの自分は全部捨てるしかない。弁証法を学ぶのに役立たずの関係はやめるしかない！　のである。

このように弁証法の学びというのは、日常生活でしっかりと学べるし、また学べばよいだけのことである。今、自分が行っていることで自分が創られていくのであるから、自分が創られたい自分、自分がこうなりたい、ということのレベル以下のことを行ってはならないのは当然である。

そうでなかったら、そんな駄目なものと自分の未来とがしっかり相互浸透することになり、どうにもこうにも弁証法はものにならないからである。私はよく大学生に頭脳の働きがよくなりたければ、いつまでも両親と暮らすな、といっているが、これは両親と生活をともにすれば、必ず両親の頭脳、両親の心と相互浸透するのであり、両親以上の人間には絶対になれないからなのである。だから、両親と同じでよい！　という人々には、間違ってもそんなことを説くつもりはない！　のである。

さて、最初に話を戻すが、これまで説いてきた以上の、弁証法の歴史性、構造性、重層性が分からなかったからこそ、若い学者志望の好青年を初めとする学者志望者が、まともにも適当にも弁証法をほとんど役に立てられず、その結果弁証法は役立たずの下らないシロモノとして、それをドブへ捨ててしまったのだということの意味も、少しは理解できてきたのではないかと思う。

（2）「学一般」の構造論

（A）自然の弁証法性から社会及び精神の弁証法性へ

さて、ここまでは、「自然・社会・精神」と、世界を丸ごと捉えた「学一般」の構造論的一般論をまず呈示したのであるが、この後、その構造論に入っていくことにしよう。

では「学一般」の構造論的展開とはなんであるか。

それは、自然の弁証法的解明であり、社会の弁証法的解明であり、精神の弁証法的解明である。現在、日本弁証法論理学研究会では、自然の弁証法的解明はほぼ終わり、社会及び精神の弁証法的解明が正面に据えられている。

自然の弁証法的解明とは、もちろん端的には「生命の歴史」の全過程である。すなわち、宇宙の誕生から、太陽系の誕生、その中の地球の特殊な在り方からの生命現象の誕生、そして地球との相互浸透による生命現象から単細胞生命体への転化、さらにそこから、カイメン、クラゲ、魚類、両棲類、哺乳類を経て、サルから人間への発展の一本の大きな筋道と、その時々の全宇宙的相互浸透の在り方が、すべてにわたって解明されてきているのであり、自然に関して、ここから理論的・論理的・構造的体系性をもって解けない問題は現在では何一つないといってもよいであろう。この「生命の歴史」の全過程を理論的に確立したのち、我々のテーマは、社会の弁証法的解明、及び精神の弁証法的解明へと移り、特にここ数年は、両者の解明へと一気に突き進んできているのである。

では、その社会及び精神の弁証法的解明とは、どのようなものなのであろうか。

社会の弁証法的解明とは、一言でいえば、人類の発展史、すなわち人類の文化の発展史の解明であり、これは、ヘーゲルが『歴史哲学』において明らかにしようとして未完に終わるしかなかった「世界歴史」に関わる、いわゆる「発展史観」なるものに相当かつ匹敵するものである。精神の弁証法的解明とは、人類の認識が精神といえるレベルにまで発展した、その最高形態としての学問レベルでの文明・文化の歴史の解明であり、ヘーゲルが『哲学史』において明らかにしたかった内容に相当かつ匹敵するものである。

この両者を、ヘーゲルは絶対精神の自己運動として、観念論の立場から見事に筋を通していったのであった（残念ながら未完となっている）が、唯物論の立場に立って、究明しえた学者は歴史上誰一人存在しない。マルクスを初めとしてほとんどの人々は、ヘーゲルの著作を学びながら、学問体系レベルの「世界歴史」の概念を確立したものは誰一人としていないのが現実である。ここは僅かに、わが師滝村隆一が「世界史の発展史観」という概念を模索《モサク》できただけであり、それだけに、アバウトレベルで定立可能といったところに到達できたのみ、である。

しかし、我々は、社会の発展史にも、精神の発展史にも、唯物論の立場から見事な一本の筋を通しえたのである。それが、なぜ我々において可能となったのかは、私がいつも説いているように、学問としての弁証法を哲学レベルで把持できた、すなわち確立できたから、につきると思う。

そして、もう少しその構造に立ち入ってみると、第一には、我々がまず自然の弁証法的な解明をした、すなわち「生命の歴史」の全過程を措定できたからである。ここから、我々は学問としての「世界歴史」を理解する鍵は「地球の歴史」に在り、と説くことが可能になったのである。

そして、これには、二重構造がある。一つは、自然の生成発展の論理構造、すなわち自然の弁証法性は、社会及び精神の生成発展の論理構造、すなわち社会の弁証法性、精神の弁証法性と同一の一般性的構造を有することが分かってきたからである。

だからこそ我々は、「弁証法は、自然・社会・精神の一般的な運動の法則」と自らの実力で定義できるのである。

したがって、自然の生成発展の論理構造が解明できた現在、その論理構造から、社会の生成発展、精神の生成発展を究明していけばよい、というところまで到達できている、ことになる。

これについて、もう少し具体的にいえば、次のようになる。

世界歴史は地球の歴史である。地球の歴史を観ることによって、人類の歴史をアバウトに観ることができる。これが弁証法すなわち一般的な運動の法則性である。人類の歴史とは、地球の生成発展の一般性が少し形式を変えただけである。それだけに、我々には地球の歴史、すなわち太陽系の物質としての生成発展の一般性を観れば、生命体の歴史の一般性が分かろう、というものである。

両者はアバウトに大きく観ると一般的には同じであり、生命体の歴史は、地球の歴史の一般性が少し歪んだ形式でしかないものである。同じように、地球の歴史の一般性が、ある程度構造づけて分かれば、人類の歴史の一般性もアバウトレベルで観てとれることになるのである。こういう弁証法の効用を、他の学者先生方は分からなかったのである。

次に「世界歴史」を理解する鍵は「地球の歴史」にあり、のもう一つの構造は、社会も精神も、自然の生成発展の途上で、生成し発展してきたものであるから、社会と精神を究明するには、その大本である自然をどうしても究明していなければならない、そうしなければ人類とは！　が分かることはない、つまり謎が解けないものだからである。

これについてもう少し付加しておくならば、次のようになるであろう。

（a）自然の二重構造とは

「弁証法は、自然・社会・精神の一般的な運動の法則である」と定義されるが、まずこの自然には二重構造がある。それは、火星や月のレベルの自然、すなわち生命現象がなんら関わっていない、物理法則、化学法則のレベルの自然と、生命現象が誕生した後の生命体を含んだ自然である。今の自然には、必ず生命体が関わっている。本当の物理学は、それゆえ生命体のいない時の物理学から始めなければならないのではあるが……。

地球の生成発展も、生命現象が存在していない時の地球、すなわち火星や金星のような、単純な物質現象としての地球と、生命現象と相互浸透した後の地球、つまり、本当の物質がなくなってしまい、生命現象的な物質になってしまった、もっというなら、化学変化が、生命現象的な化学変化として、大地を侵略してしまった地球との二重構造として捉えなければならない。

自然にその二重構造があるから、自然の弁証法も二重構造となるのである。すなわち、そういう単純な物質現象と、それに生命現象が化学変化として加わった物質現象との流れが、この、自然の弁証法となる。

(b) 自然と社会との相互規定的相互浸透

さて、物質現象としての地球に、生命現象が誕生し、それが生命体へと転化し、その発展の流れで、サルから人間が誕生した。こうして、自然の中に、人類が社会を創ったのであり、この社会が逆に自然の中に浸透していくようになった。つまり、地球上を覆っている自然現象の中に、人類が創ったところの社会現象が浸透していったのである。

だから、現在のすべての自然と称される実際は人類によって徹底的に変えられているのであり、それだけに今の地球は、生命体的自然ではなく、人間(人類)にとっての社会的な自然となっている。自然そのものの相互浸透も、純粋の物質現象と、そこに誕生した生命現象の相互浸透と、社会すなわち国家が誕生した後の相互浸透とは大きく違うのである。

社会とは、端的には国家であり、国家は国際的な枠組みとなっているものであり、それだけにテリトリーを把持しているから、例えば太平洋の自然の相互浸透とはいっても、アメリカ側は、アメリカの社会が相互浸透した、自然の相互浸透であり、日本側は、日本の社会が相互浸透した、自然の相互浸透なのである。

(c) 社会と精神との相互規定的相互浸透

自然の中に人間(人類)としての社会が誕生し、発展していく流れの中で、古代ギリシャ中期のあたりから、精神的なものが大きくなっていった。精神とは、人間の頭脳の機能としての認識が高められたものであるが、今度はこの精神的なものが、人間(人類)の社会に浸透していくのである。すなわち人間(人類)が、自ら設計図を描いて行動し、自らの社会を創っていくようになる。例えば、アレクサンドロス大王は、ただ師たるアリストテレス的な目的のみで侵略したはずなのであるが、今のロシアのウクライナ侵略は、しっかりとした目的的な設計図を描いて見事な侵略をなしているのである。

人間(人類)が創った社会の在り方は、精神の存在形式が違えばその行動様式からして違うのである。人間(人類)が文化を創り、精神を生みだすことによって、社会が変えられていく。社会すなわち一般大衆の中の、精神中の精神が精神である。つまり、社会をリードしていく、観念的な指導者の精神である。自然そのものが、国家によって分断されていくのが社会現象である。

それが今度は、人間(人類)が文化を創りあげるようになって、文化によってまた社会が創られていき、自然が変えられていく。だから、弁証法性とは、先ほど説いたように、自然で二重性、社会で三重性、精神で四重性の構造を把持し、かつこれらの見事なまでの相互浸透である。

冒頭に示した、「弁証法とは、自然・社会・精神の一般的な運動の法則である」とはこういうことである、と読者諸氏は分かってきているであろうか。

次に「世界歴史」を理解する鍵は「地球の歴史」にあり、のもう一つの構造は、社会も精神も、自然の生成発展の途上で、生成し発展してきたものであるから、社会と精神を究明するには、その大本である自然を究明していなければならないからである。

南《なん》郷《ごう》 継《つぐ》正《まさ》

日本弁証法論理学研究会 主宰。
中学時代に『哲学とは何か――カントとヘーゲル』で哲学に憧れを抱き，高校時代に『観念論と唯物論』で弁証法の偉大性を知り，大学入学と同時に弁証法の学習途上で，三浦つとむに私淑。後に滝村隆一に学的論文の展開法を学び，国家論を哲学の歴史の中で修得す。加えて武道空手，武道居合，武道合気の武道修業・修行の中で弁証法・認識論の内実を試み，かつ，学的体系化を果たす。1972 年に旧日本論理学研究会を発足させ，第一級の秀才たちと学的体系化の歴史的再措定に挑む。現在は『学城』を若手学究をも加えて発刊し続ける。

著 書 『武道の理論』（科学的武道論への招待）
『武道の復権』（空手・拳法の論理）
『武道とは何か』（武道綱要）
『武道への道』（武道をとおしての教育論）
『武道修行の道』（武道教育と上達・指導の理論）
『武道講義』第一巻（武道と認識の理論Ⅰ）
第二巻（武道と認識の理論Ⅱ）
第三巻（武道と認識の理論Ⅲ）
第四巻（武道と弁証法の理論）
『武道の科学』（武道と認識・実体論）
『弁証法・認識論への道』 （以上 三一書房刊）
『南郷継正 武道哲学 著作・講義全集』第一巻～第十二巻
『なんごうつぐまさが説く看護学科・心理学科学生への“夢”講義』(1)～(6)
『武道空手學 概論〔新世紀編〕』（共著）
『哲学・論理学原論〔新世紀編〕』 （以上 現代社）

ヘーゲル哲学の道 第一巻〔修学・初級編〕
「学問構築の歴史」と「学問一般論」〔講義〕

2023 年 2 月 13 日 第 1 版第 1 刷発行Ⓒ

著 者 南 郷 継 正
発行者 小 南 吉 彦
印刷所 壮光舎印刷株式会社
製本所 誠 製 本 株 式 会 社

発行所 東京都新宿区早稲田鶴巻町 514 番地（〒 162-0041） 株式会社 現 代 社

電話：03-3203-5061 振替：00150-3-68248

＊落丁・乱丁本はおとりかえいたします。

ISBN 978-4-87474-200-6 C 3010